多文化関係学　2023年 第20巻

Multicultural Relations　Volume 20, 2023

目　次
Contents

JN106830

原著論文 Original articles

書評 Book reviews

多文化関係学　2023, 20, 3-22
Multicultural Relations　2023, 20, 3-22

原著論文

社会改革の阻害要因および促進要因
—PAC分析による主観的格差感に関する調査をもとに—

Inhibitors and Facilitators of Social Reform:
Research on Subjective Disparities
using Personal Attitude Construct Analysis

横溝　環　Tamaki Yokomizo[1]

要　旨

本研究は、日本人成人4名を調査協力者としPAC分析を用いて、社会改革（社会制度・行政サービスの整備への直接的／間接的働きかけ）の阻害要因および促進要因について、主観的格差感との関わりを交えながら探索・検討していくことを目的とする。調査の結果、阻害要因として(1)主観的格差感（−）の責任を自己に帰する、(2)多数決による決定、(3)承認者（マジョリティ）—被承認者（マイノリティ）という不均衡な関係の固定化、(4)無自覚な優位性および規範的ステレオタイプの4点を見出した。促進要因としては(1)主観的格差感（−）の責任を社会に帰する、(2)差異／優劣を規定する基準を問い直す、(3)他者志向動機・互恵意識・身近な人々との協働、(4)時代の波の4点を示した。メインストリームにおいてマイノリティとマジョリティが対峙している状態では社会改革（メインストリームにおけるマイノリティの承認／包摂の獲得）は難航しがちであるが、メインストリームの価値基準に固執せず、新たな生き方を選択・実践していくことが改革の契機となることがみえてきた。今後の社会改革の進展は、メインストリームの内外を問わず、人々とりわけマジョリティが抱く違和感をメインストリームの規範から外れた逸脱と捉えるか、多様な選択肢の一つとして新しい社会的現実の一歩と捉えるか、その判断・解釈に懸かっていると考えられる。

キーワード：主観的格差感、社会改革、阻害要因と促進要因、少数派と多数派

Abstract

This study aims to explore the inhibitors and facilitators of social reform promotion by focusing on their relationship with subjective disparities, using the Personal Attitude Construct analysis. First, the following factors were identified as inhibitors of social reform: (1) attributing responsibility for subjective disparities to oneself, (2) deciding by majority rule, (3) experiencing unbalanced relationships in which "the majority accepts the minority, and the minority is accepted by the majority," and (4) the existence normative stereotypes. Second, the following factors were identified as facilitators of social reform: (1) attributing responsibility for subjective disparities to society; (2) questioning the standards that define differences (superiority or inferiority); (3) having other-oriented motives, practicing reciprocity, and cooperating with those close to one's own; and (4) following the wave of the times.

Keywords: subjective disparities, social reform, inhibitors and facilitators, minority and majority

1 茨城大学人文社会科学部現代社会学科　tamaki.yokomizo.drj@vc.ibaraki.ac.jp
〈謝辞〉本調査にご協力くださいました皆様に深く感謝いたします。
本研究はJSPS科研費18K18589の助成を受けたものです。

1. 研究背景および目的

1.1 格差

日本社会の課題として格差が久しく議論されているが、それが社会改革により軽減されたという声を聞くことは稀有である。これまでの日本の格差研究は「階層と社会意識全国調査」（SSP プロジェクト幹事会, 2023）をはじめとした社会経済的地位に焦点を当てた定量調査がその基盤を担ってきた。昨今はそれに加え、つながり格差（志水, 2014; 石田, 2022）、家族格差（額賀・藤田, 2021）等、人との関わりがもたらす格差を定性調査から捉える研究も増えてきている。

国民の格差に対する意識と実態には乖離がある（みずほ総合研究所, 2017）という考えのもと、実態として存在する格差ではなく主観的に感じる格差（以下、主観的格差感）を個人の枠組から捉えることを試みた研究として横溝（2020a, 2020b, 2021）が挙げられる。まず横溝（2020a）は母子家庭に焦点をあて、公的機関から経済的支援を受けている子ども 8 名（10 代後半～ 20 代前半）と母親 1 名を調査協力者とし、PAC（Personal Attitude Construct: 個人別態度構造）分析（内藤, 1997）を用いて主観的格差感の解明を試みた。その結果、経済格差を感じるか否かと、自分のやりたいことが自由にできる環境があると捉えているか否かには関連があることを見出した。加えて、その自由には、(a) メインストリーム内の準拠集団で「機会の平等」が得られること、(b) メインストリームの内外を問わず「個／多様性の尊重」が得られることの 2 つの様相があることを指摘した（横溝, 2020b）。さらに、横溝（2021）は、経済格差以外の主観的格差感を顕在化し、かつ、それらと準拠集団との関わりを明らかにすべく定住外国人 6 名を調査協力者とし PAC 分析を行った。その結果、準拠集団において承認／包摂が得られた者、関係流動性（準拠集団の選択の自由度）の高い者は、主観的格差感（−）[2] を抱かない傾向があること、そして前者は横溝（2020b）の「機会の平等」、後者は「個／多様性の尊重」と関連していることを示した。

これまでの格差研究は、その実態および感じ方をマクロ・ミクロの視点から明らかにしてきた。しかし、それらが社会改革にどのようにつながっているのかについての議論にまでは至っていない。そこで、本稿では、社会改革（日本の社会制度・行政サービスの整備等への直接的／間接的働きかけ）の阻害要因および促進要因を主観的格差感との関わりを交え検討していくこととする。

1.2 先行研究: 社会改革の促進要因および現状維持要因

「現状維持バイアス（status quo bias）」とは、何かを変化させることにより利益が得られる可能性があるとしても、損失の懸念を考慮して現状を保持しようとする傾向を指す（Samuelson & Zeckhauser, 1988）。これは「プロスペクト理論（prospect theory）」（Kahneman & Tversky, 1979）、すなわち人は利益よりも損失を大きく評価する心理傾向に基づいていると言われている。また「現状維持バイアス」は「授かり効果（endowment effect）」（Thaler, 1980）と関連している。「授かり効果」とは、人は一度何かを手にすると、それを手にする前よりもそのものの価値が高まったように感じ、それを手放すことに抵抗を示すようになる傾向である。これは社会における格差が正されにくい原因の一つとなっていると考えられる。

「システム正当化理論（A Theory of system justification）」（Jost & Banaji, 1994）は、現行のシス

---

2 肯定的な主観的格差感は（+）、否定的な主観的格差感は（−）と示すこととする。

テムが現に存在するというだけの理由からそのシステムを公正で正当なものであると認識してしまう傾向を示したものである。この傾向は現行システムにおいて有利な立場にある者だけでなく、不利な立場にある者においてもみられる。例えば、階層の下位にいる者は、現状を変えるための行動を起こすよりも、現状に適応することで怒りや不満を沈静化する傾向があると考えられている。それは、貧困を自己責任と捉えている者のほうが社会制度等の問題に帰する者よりも幸福感や満足感が高いという指摘（Kluegel & Smith, 1986）とも関連しており、経済格差の正当化とメリトクラシー（能力主義）の肯定との密接な結びつきを示している（Jost, Blount, Pfeffer, & Hunyady, 2003）。これらの説は、母子家庭の子どもたちが家庭環境に主観的格差感（−）を抱きつつも、それを社会問題として捉えず、メリトクラシーを肯定し自身の努力で逆境を乗り越えようとしていた事例（横溝, 2020a, 2020b）とも通ずるだろう。

　川嶋・大渕・熊谷・浅井（2012）は、社会における不公正感に対する抗議行動の抑制要因を解明すべく、(1)ミクロ公正感（回答者自身の日本社会における処遇に関する公正判断）、(2)マクロ公正感（日本社会全体に対する一般的な公正判断）、(3) 社会的不変信念（社会システムがどの程度変化しにくいと感じているか）、(4)社会的効力感（回答者自身が社会や行政にどの程度影響を及ぼし得ると考えているか）、(5)変革コスト見積り（社会を変えようとする時に知覚するコスト）、(6)デモグラフィック変数が、(7)規範的抗議行動（政治参加行動、市民・住民運動への参加等）、(8)反規範的抗議行動（社会的ルールの逸脱等）とどのように関わっているかについて検証している。各変数の平均値からは、社会が不公正であると捉える一方で、自分自身はそれなりに公正な扱いを受けていると感じている者が多いこと（ミクロ公平感＞マクロ公平感）、社会は変化しにくく、それを変えるためには犠牲やストレスを伴うことが多く、自分が社会に与える影響は低いと考える傾向があること（社会的不変信念・変革コスト見積り＞社会的効力感）が示された。さらに、(1)〜(6)および交互作用項を独立変数、(7)を従属変数とした重回帰分析からは、ミクロ公正感が低く、社会不変信念が弱く、自己効力感の高い者ほど強い規範的抗議行動を示す傾向が明らかになった。また、デモグラフィック変数においては、男性、年長者ほど規範的抗議行動を支持する傾向があることを示した。大渕・福野・今在（2003）は、若年層は日本社会が不公正で変化しにくい構造を持っていると考える者が多く、年長になるにつれてその傾向が弱くなると指摘している。加えて、日本財団（2019）によれば、インド・インドネシア・韓国・ベトナム・中国・イギリス・アメリカ・ドイツ・日本の若者を対象とした「社会や国に対する意識調査」において、「自分で国や社会を変えられると思う」と回答した日本人は18.3%で、9か国中最下位であったという。この結果からも、日本人の若者の社会的不変信念の高さおよび社会的効力感の低さが推察できる。

　川嶋ら（2012）の研究は、公正感を多元的に捉え、抗議行動の抑制要因を検討した点において意義がある。しかし、重回帰分析の Adjusted R^2 が.24であることからは、当該調査で用いられた項目以外の要素が関わっていることが考えられる。実際、規範的抗議行動の測定には、集会、デモ、市民活動への参加など直接的な行動が観測変数として用いられていたが、連合（2022）による15歳〜 29歳の若者を対象とした調査（N = 1,500）によれば「集会やデモ、マーチ、パレードなど」は最も参加したくない社会運動として位置付けられていた（46.8%）。反対に、参加したい社会運動としては「政府や団体、企業への要請」(37.1%)、「知識を深めるためのセミナー」(33.0%)、「SNSでの個人の発信」(31.2%)、さらに、どのような社会運動であれば参加できると思うかという問いに対しては「顔や名

前を出さずに参加できる」（27.4%）、「気軽に参加できる」（25.8%）が支持を得ていた（連合, 2022）。これらのことからは、この10年で社会連動の形や傾向が変化していることがうかがえる。

横溝（2020a, 2020b, 2021）の主観的格差感に関する研究においても、大学生を含む子どもたちおよび定住外国人が、自らの困難の軽減を社会に働きかけたり問題提起したりする様相はみられなかった。そこで本稿では、日本人かつ社会人経験のあるマイノリティ当時者（自認）もしくはマイノリティに位置づけられる人々と日常的に接する機会のある者を調査協力者とし、彼／彼女らの主観的格差感を交えて社会改革の阻害要因・促進要因について探索および検討し、仮説モデルを生成することを目的とする[3]。

2. 調査概要
2.1 調査1: PAC分析
2.1.1 調査方法

PAC分析[4]は調査協力者の枠組・解釈から個人のイメージ構造を捉えることに特出した分析方法である。そのため本稿では主観的格差感を顕在化すべくPAC分析を用いることとした。PAC分析終了後、追加質問として、調査結果（各クラスター、以下CL）の中で格差を感じるところがあるかどうか、あるとすればどこ（どのCL）に感じるかを尋ねた。本研究ではそこで示されたものを主観的格差感とする。

2.1.2 刺激文

本研究では、横溝（2020a, 2020b, 2021）の結果との比較・照合を行うべく、当該調査において用いられていた刺激文と同一のものを使用した。以下がその刺激文である[5]。

あなたは、どのような時に、自分は"恵まれている""有利である""強い立場にある"と感じますか／感じましたか。反対に、どのような時に"恵まれていない""不利である""弱い立場にある"と感じます／感じましたか。頭に浮かんできた言葉・イメージ・場面などを思い浮かんだ順にカードに記入してください。

2.1.3 調査協力者

筆者とラポールが形成されており、筆者とのこれまでの関わりの中でマイノリティ性への言及があった者（A～C）、マイノリティに位置づけられる人々と日常的に関わる機会のある者（D）の4名の

---

3 社会的マジョリティには白人・その国の国籍を有する者・男性・高学歴者・異性愛者・シスジェンダー・健常者・高所得者、社会的マイノリティには有色人種・その国の国籍を有しない者・女性・低学歴者・同性愛者およびバイセクシャル・トランスジェンダー・障がい者・低所得者等が位置付けられることが多い（Goodman, 2011 出口監訳・田辺訳 2017）が、これらの分類は固定化されたものではない。さらに多様な属性により人間は形成されているため、一側面のみを取り上げその人がマジョリティであるかマイノリティであるかを決めることはできない。しかし、マジョリティおよびマイノリティは社会における力関係を議論していく上で必要な概念である。そこで、本稿ではマジョリティを社会的多数者・強者、マイノリティを社会的少数者・弱者と定義し、論を進めていくこととする。

4 PAC分析は、調査協力者による当該テーマに関する自由連想（アクセス）、連想項目間の類似度評点、類似度距離行列によるクラスター分析、クラスター構造のイメージや解釈の報告、調査者による総合解釈を通じて行う分析方法である（内藤, 1997）。

5 横溝（2020a, 2020b, 2021）によれば、刺激文に「格差」という言葉を使用しなかったのは、「格差」という言葉には経済・社会的マイナスイメージが付随しており、それを使用することで、そのイメージ以外の要素および自らが優位に立っている要素を引き出すことが難しくなると考えたためであるという。本稿もそれを支持することとする。

日本人に調査を依頼した[6]。

Table 1
調査協力者概要

	年齢	性別	実施時期	解釈所要時間	言及されたマイノリティ性
A	50代半ば	男性	2020年4月	1時間50分	色覚多様性
B	30代前半	男性	2020年3月	2時間09分	若手後継者
C	30代前半	女性	2020年3月	3時間09分	性的マイノリティ
D	60代前半	女性	2020年3月	1時間40分	重度知的障がい者（の支援者）

　調査協力者にマイノリティ当事者ではないDさんを加えたのは、重度知的障がい者から当該テーマについての語りを得ることは困難が予想されるが、その補償として、当事者とこれまで深く関わってきた者から話を聴くことにより、本研究にとって必要な知見を少なからず得ることができると考えたためである。

2.1.4　手続き
　本研究の趣旨およびプライバシー厳守の旨を書面および口頭で説明し調査の許可を得た。その上で、調査協力者に、(a)連想刺激（当該テーマ）に関する自由連想、(b)連想項目間の類似度評定、(c)デンドログラム[7]の解釈等をしてもらった。デンドログラム作成には、PAC-Assist2 と HAD を利用した。CLの数・命名は各調査協力者の意思を尊重し決定した。

2.2　調査2: 追跡調査
　PAC分析において社会改革への働きかけが語りにみられた2名（調査協力者Cおよび D）に、活動の現況・原動力・課題についての追跡調査（オンラインによる半構造化インタビュー調査）を実施した（実施時期：2022年3月、所要時間：Cは1時間15分、Dは1時間）。

3.　各調査協力者の結果概要
　本研究では、紙幅の都合から3名の調査協力者（A・C・D）の調査結果を示し、調査協力者Bの結果は考察を補うために用いることとする[8]。本章では各調査協力者のPAC分析の結果概要についてデンドログラムをもとに示す。各連想項目の末尾についている番号は重要順位、＋・0・－ は項目に対する直観的イメージである。調査協力者のローデータの初出は「　」、語りのまとまりはブロックで示し、それがどこで語られたものなのか（PAC分析における各CLの解釈・CL間の比較・補足説明・総合解釈、PAC分析終了後の格差についての語り、追跡調査）を末尾に［　］で記す。ローデータだけでは伝わりづらい箇所への筆者による補足は〔　〕、ローデータ内の筆者による質問は（　）、中略は…、CLの命名は【　】で示すこととする。

6　各調査協力者の表記には筆者が無作為につけたイニシャルAからDを用いる。
7　デンドログラムの横軸は類似度評定で得たデータに基づいた距離である。左方で結合した項目は類似度が高く、右方で結合した項目は類似度が低い。
8　他の調査協力者の語りと重なりが比較的多くみられたため、紙幅の都合から、やむなく調査結果を割愛することとした。

3.1 調査協力者 A

Aさんは高専（工業高等専門学校）卒業後、外資系企業に勤務、その後、日本の中小企業に転職し、30歳の頃に有限会社を友人と2人で設立している。Aさんの語りの多くは職業領域（業界）が占めている。自らの会社で開発した「先進的な技術」の採用を業界に働きかけるものの、「大企業」の「資本金」、業界内の「無難な現状維持」志向および「多数決」を前にAさんは惨敗することが多かった。時には、自分の書いた報告書や特許申請書から自身の名前が消されたこともあったという。AさんはCL5に【理不尽】と命名している。CL5は「企業体質」に対するマイナス項目で占められており、Aさんはそのイメージについて「泥沼。沼っていうか真っ黒い水。ボコボコってガスが出とる」と表現している[9]。

> （筆者：多数決というのは？）どんだけ僕が正しいこと言っとったとしても「じゃ、みんなの意見を聞いてみよう」っていうことになって、「じゃ多数決」っていうことで全部負けてきたでな。...基準は知識じゃなくて会社の大小や。そういうことばっかやね。[PAC分析：CL5]

このような理不尽さに対抗する力としてAさんはCL1とCL3を挙げている。CL1はAさんのこれまでの学びと特性を中心とした「根本」「基礎」でまとめられており、AさんはこのCLに【根】と命名している。CL1が「基礎」ならCL3は「応用」にあたる。CL3は「試練」でもあるが、CL5の理不尽さを乗り越えた時点で「経験に転じ」Aさんの武器となるという。AさんはCL3に【経験】と命名している。

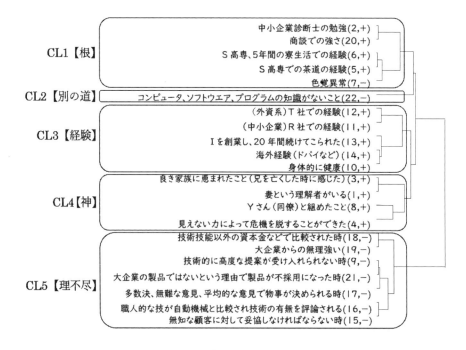

Figure 1. 調査協力者Aのデンドログラム

---

9 Bさんからも同様の語りがみられた。

CL3を支える力としてAさんはCL4を挙げている。CL3とCL4は「土星の輪と土星」のような「2つで1セット」の関係であるという。AさんはCL4に【神】と命名し、これは「危機」に直面した際の「神の導き」「見えない力」であり、これがなかったら「会社が20年も続くことはなかった」と語っている。なお、CL4は「家族」「同僚」といった重要順位の高い項目で占められている。

CL2はソフト関連の仕事を表している。これは「色覚異常」[10]が影響しないことから職業としての選択肢には入っていたが、Aさんが選ばなかったことであるという。「ソフト分かってない人って言われる」ことに悔しさもあったが「そこを勉強するだけの時間はなかった」ので仕方がないとAさんは捉えている。その一方で、その知識があったら大企業に対抗できたのではないかと考えることもあるという。AさんはCL2に【別の道】と命名している。比較的重要順位の低いCLである。

Aさんは大企業とのやりとりに【理不尽】さ（CL5）を抱いてはいるものの、そこに格差は感じていない。Aさんが格差を感じていたのはCL1【根】の中の色覚異常であった。「外資系に入社したのは色覚異常に対してうるさくないから」「色覚異常だから仕事を外されたことがある」「色覚異常が治ってほしいと神に頼んだ〔が、叶わなかった〕」等、Aさんにとって色覚異常であることは、その身体的特性だけではなく、それに対する偏見により彼の可能性を制限する足枷となっていた。

　　（筆者：全体的に見て、自分から見てここが格差だなって感じるのは？）格差ってどういうこと？　この中に格差って存在する？　もしというなら色盲ね。（筆者：そこには格差を感じる？）格差を感じるね、全てにおいて。日常生活でも感じるし（笑）。でも、それが僕の一つの特性だと思わなあかんと思っとるしね。（筆者：それは、日常生活でも仕事をする上でもってこと？）僕、一回色弱やから仕事外されたことがあるんやよ。僕が開拓した一番のお客さん。それを僕の隣の席の人〔同僚〕が「あいつは色盲やから、もしものことがあったらどうします？　責任どうとるんですか？　だから私を担当にしてください」ってことで、すごい売り上げを〔その同僚に〕取られちゃったのね。[PAC分析終了後の格差についての語り]

このようにAさんは自らの身体的特性に主観的格差感（−）を抱いていた。しかし、その一方で、社会における困難を乗り越えられない理由として格差を挙げることには否定的な姿勢をとっている。

　　今考えれば、僕がもうちょっとうまいことしとったら良かったわけやん。まだ若かったんだろうね。今から考えれば乗り越えられたもの。…格差、格差って言っとるだけの話で、差のついている人たちは頑張ってないと思っとるから。世の中、格差社会って言うやんか。格差っていう言葉を使う人は頑張ってない人やなと思っているから。知恵使ってないよねって。…そういう風に言ってしまえば、誰か助けてくれると思っとんのかなって。[PAC分析終了後の格差についての語り]

総じて、AさんはCL1【根】、そしてCL4【神】に支えられたCL3【経験】を武器とし、CL5【理不尽】に挑み続けている。さらに、それらの試練を乗り越えることがCL3【経験】につながっているとAさんは考えている。CL2【別の道】は反実仮想にあたるだろう。

---

10 現在は「色覚多様性（特性）」と表現されることが多いが、本稿ではAさんの表現をそのまま用いることとする。

3.2　調査協力者C

Cさんは高齢者介護施設で介護福祉士として働くかたわら、性的マイノリティ支援のためのNPO法人を立ち上げている。Cさんは性的マイノリティであることを公表しており、現在（2023年）は北関東で市議会議員を務めている。

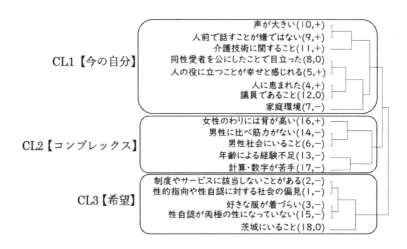

Figure 2.　調査協力者Cのデンドログラム

CL1は「基礎」「土台」「ぶれることなく本質としてキープ」したいものでまとめられている。さらに、これは「人との交流、接点を持った上で発生する」もので、Cさんにとっての「武器」でもあると語る。CさんはCL1に【今の自分】と命名している。プラスの項目で占められており、イメージは「立体的」な「赤い星」、赤は「ヒーロー」を象徴しているという。

CL2とCL3はマイナス要素が強く、Cさんは両者に主観的格差感（−）を抱いている。CL3は「社会システム」「社会制度」「法律」が整備されていないこと、「偏見と差別」といった性的マイノリティの「生きづらさ」でまとめられており、重要順位の高い項目が並ぶ。Cさんは「これが整うと、だいぶ過ごしやすくなってくる」「改善の余地がある」と考えており、CL3に【希望】と命名している。

CL3の改革に向けて尽力しているCさんを脅かす「地雷」としてCL2がある。CL2は「男性」「年齢」に対するCさんの【コンプレックス】を表している。Cさんは「男性」に比べて「筋力」がないという「身体的特徴」、さらに「男性経営者」「経験のある議員」に比べて「数字が苦手」であることに「自信のなさ」「心の重荷」を抱いている。CさんにとってCL2は「重量の重い密度のある鉄球」のようなもので「投げようと思っても、なかなか投げられないような」存在で、「頑張っても努力をしても、今すぐ手に入るものではない」「限界値があって」「解決できるものではない」「永遠の課題」であるという。Cさんは年長者の現状維持志向の強さについて、年長者と若手経営者との関わりを例に挙げ以下のように語っている[11]。

11　Bさんからも同様の語りがみられた。

役職があって、社会的地位があって、ある程度、今その椅子に座っていたい方々なんかは、このままキープしたいって思うでしょうし。（筆者：それがやっぱり自分が自由でいられる）うん、そうですね。だからですよ、X市の若手経営者が育たないっていう話。50代、60代の経営者たちが、新しく出てきた人をビシっとやっちゃうから。起業できないって嘆く若手が多いっていうのは、そういうことでしょうね。[PAC分析：補足説明]

インタビュー当初、CさんはCL2とCL3についてどちらが原因でどちらが結果なのか分からないが、両者が「合体するとハッピーエンドが見えてこない」「小さな社会〔CL2〕と大きな社会〔CL3〕みたいな感じですかね」と悲観的に捉えていた。しかし、語りを続けていくにつれて、男性や社会的地位のある人々からの非難や偏見（CL2）は、それに「負けたくない」という自身の感情を喚起し、むしろ「自分の糧」「活力」「原動力」になると捉え直してきた。調査の終了時には、CL1を武器とし、人間としての尊厳を獲得するという上位目的（CL3）を果たすべく社会に働きかけていきたいと語っていた。

3.3　調査協力者D

Dさんは重度の知的障がい者を対象とした教育に、若い頃は幼稚園教諭として、中高年になってからはボランティアとして継続的に関わってきた。現在（2023年）は、友人2名（知的障がい者の母親、福祉サービス事業従事者）とともに一般社団法人の障害福祉サービス事業所の設立に向けて動いている。その延長上には障害福祉の課題を「行政に訴えていきたい」という思いがあるという。

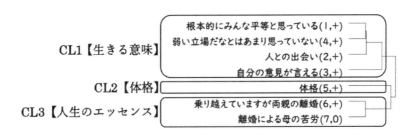

Figure 3.　調査協力者Dのデンドログラム

DさんはCL3に【人生のエッセンス】と命名している。Dさんは実の母が再婚相手である父に「気を遣いながら」生きている様子を日々目の当たりにし、そのような母を「笑顔」にしたいと思い「空気を読むことを身に付けてきた」。CL3のイメージは「赤」「苦労だから黒っぽい影のような感じはするけど、エネルギーを持っている感じ」「強いものがあるっていうか、芯に。誰にも言うことのできない私のエネルギー」であると語る。そして、このCLは自分という「人間形成」に大きな影響を与えているという。

Dさんは、そのような芯を軸とし、さらに多くの人々と出会い交わることにより、自分の人生が形成されてきたと考えている。DさんはCL1に【生きる意味】と命名している。Dさんにとっての【生きる意味】とは「人の役に立つこと」「人が笑顔になること」であり、CL1に対するイメージは「人との出会いによってレインボーのように人生が作り上げられている感じ」であるという。その一例として「鍵

のかかっていない開けっ放しのコミュニティ」において、自分が「親以外の大人」「自分が持っていないものを持っている人によって育まれた」とDさんは語っている。ここでの親以外の大人とは、近所の人々、教師等を指している。

　加えて、幼稚園の教員実習の一環として知的障がい者に付き添い病院に行った際、待合室で彼／彼女らに向けられた「周囲の目」はDさんの「人生を変えた」という。「私もたぶん、知らなかったら、そういう風に見るなあ」という発言からは、知的障がい者に対する無知や理解不足が偏見をもたらしているとDさんが考えていることが分かる。Dさんは障がい者や外国人が幸せに暮らせるかどうかは、その人たちが出合う周囲の人々が彼／彼女らに理解を示すかどうかで決まるため、その責任は「受け入れ側」の人々にあると考えている。

　　外国人の場合、見た目もそうだし、その外国人、障がい持ってる人が、周りで出会った人たちの気持ちで、この人たち〔外国人、障がいを持ってる人は〕変わるじゃないですか。この人たち〔周囲の人たち〕が理解してれば、すごく幸せだろうし。特に障がい持った子、ダウンちゃん生んだお母さんは、生んだ時点、生んだ時には幸せがあるけど、誰かに「え、ダウンなの？」って言われた瞬間、顔が曇ったら、子どもも曇るわけなので、誰と出会ったかだと思うんですよね。だから、その理解だったり、受け入れだったりが、たぶん、共生っていうか、共に生きること、それは受け入れる側に責任があると思うんですよね。[PAC分析：CL1とCL3の比較]

　Dさんは、障がい者や外国人と直接接触する機会を持つことはもとより、彼／彼女らを支援している人々の姿を目にすることも共生の理解につながるのではないかと考えている。そして自分がこれまで頑張ってきたのは「〔自分の〕子どもたちに背中を見せようと思った」からであると語る。DさんはCL2に【体格】と命名している。Dさんは自分の「体格」の良さに誇りを持っており、心身ともに健康で明るいことが「見た目から伝わっている」ことがCL1とCL2の共通点であるという。Dさんが自分の存在や生き方を周囲の人々に見てもらうことにより、笑顔で共生することの意義を伝えようとしていることが、ここからもうかがえる。総じて、CL3は人には見せないDさんの芯となるエネルギー、CL1とCL2は周囲にそれを見てもらうことで人を巻き込んでいくエネルギーを表していると言えるだろう。

　Dさんは格差を感じていないという。その理由として「同じものを見ても、受け取り方は十人十色」で「その人の捉え方で差が出る。過ぎてみると〔自分は〕いいところをキャッチできているなあって感じですね」と語っている。このことからは、同じ経験でも人または解釈する時点（現在／過去）によって捉え方が変わってくるとDさんが考えていることがうかがえる。「一度の人生、山あり谷ありがどれだけ楽しいか」「人がいることで助けられることいっぱいあるから。お互い助け合うとか、なんか信じられる」という語りからも、Dさんが多くの人々と互恵関係にあり、これまでの経験をプラスに解釈していることが分かる。

4.　総合考察
　本章では、各調査協力者のPAC分析の結果および調査協力者C・Dへの追跡調査の結果をもとに考察を行っていく。

4.1 社会改革の阻害要因

4.1.1 主観的格差感（−）の責任を自己に帰する

Aさんは色覚異常、Cさんは若年層の女性という自らの属性／特性／能力に主観的格差感（−）を抱いていた。横溝（2020a, 2020b, 2021）においても同様に、家庭環境・親の経済力・居住地域・言語能力といった自らの属性／特性／能力に主観的格差感（−）を覚える者が多くみられた。これらの調査協力者に共通していることは、メインストリームにおける差異／優劣を規定する基準が本質的なものであると暗黙裡に捉え、その中で自らを劣位に位置付け、それを自身の努力で乗り越えようとしていた点である。主観的格差感（−）を社会に帰することは、自らが社会的弱者であることを公然と認めることにつながる。それに伴う周囲からの負の烙印、自己統制能力がないという評価を免れるべく、主観的格差感（−）を抱いた者は自らの力でその困難を乗り越えようとしていたことが推察できる。このような考え方は既存の社会構造の維持につながっていると言えるだろう。

4.1.2 多数決による決定

Cさんは日本社会ではSOGI（Sexual Orientation and Gender Identity）の多様性が十分に尊重されておらず、マジョリティであれば当たり前に利用できる制度・行政サービスが、性的マイノリティには適用されないことがあると語る。Cさんが「制度の整備」という上位目的を達成するためには、その下位目的である「市議会での承認」を得なければならない。しかし、多数派である中高年層の（経験値の高い）男性議員と自分の力の差は歴然としており、加えて、性的マイノリティに対する誤解または偏見を持っている市民からの請願・陳情は、Cさんの考えに異を唱える議員の声に力を与えた。Cさんは、法・制度整備の過程で強い力を持っているのは、マイノリティに対する一般市民の認識とその数であると改めて気づかされたという。

> （筆者：社会を変える壁というのは？）数が全ての世の中っていう。どれだけ根拠をもってエビデンスをもって、正論というか「これが今の正しい世の中なんです」っていくら言っても、数で全てが決まってしまうので、結果的に変えられないというところで。そう考えていくと、そもそもマイノリティの人は「このまま変えられないのか」っていう暗い未来を想像してしまいがちなんですけれども。…（筆者：多数決の壁というのは、議員内ですか、それとも一般市民も関わっていますか？）もちろん議会の中での多数決は議員しかできませんけど、どの当事者に聞いても「なんでこんなに生きづらい世の中なんだ」って相談を受けた時に、やっぱり数のことを話されるんですよね。生きづらさっていうのは数とリンクするものがあるんだなって感じますし、議員って結局、選挙で勝ち上がる人たちの集まりなので、市民には逆らえないんですよね。行政には強くいくんですけど。そのベースとなる市民が差別や偏見といった意識を強く持っている方たちであればあるほど、その議員も「その声を〔議会に〕届けてくるね」ってなるので。…ボトムアップってすごいんです。市民の方から伝えていかなければならないし、それこそ、そこが議員以上に大きな壁だって思いました。［追跡調査］

Cさんと同様、A・Bさんも多数決や数、勝ち負けに言及している。このことからは、現状（マジョリティ）に有利なルール（多数決）の下での決定は、そのルールを前提としている時点で現状維持を支

持することとなり、勝ち負けを際立たせていると考えられる。

坂口 (2022) は、多数派を占める高齢者や都市部住民の意見に基づいて意思決定がなされている日本の現状を例に挙げ、「少数意見の尊重」よりも「多数決の原則」が優先されることで必要な改革がなされないことへの懸念を示している。坂井 (2015) は「自由や権利の侵害に関する事柄、例えば少数民族の排除や性的少数派の抑圧」(p.81) のような人々の利害対立が鋭く一般化できない対象は多数決による投票の対象にすべきではないと指摘している。その上で、多数決による侵害を抑え込む策の一つとして、多数決より上位の審級をたてておくこと、例えば「多数派が少数派を抑圧する法律ができないよう、上位の憲法がそれを禁止する」(p.82) ことを提示している。しかし、多数決による侵害を抑制する法整備にも数は必要である。「多数決の原則」と「少数意見の尊重」については今後さらなる議論が必要となってくるであろう。

4.1.3　承認者—被承認者（主—従）という不均衡な関係の固定化

Cさんは SOGI の多様性を多くの人々に理解してもらうための活動を行っている。しかし「数が全ての世の中」で「数」を得るためには、否が応でも Cさんの考えに異を唱える人々に歩み寄り、折り合いをつけていかなければならない。それにはストレスと葛藤が伴うという。

> 数が全ての世の中っていうところで、正論を訴え続けている、吠えているだけでは結局何も変わらないっていうのはあります。…正論を言い続けたいのか、目的を達成させたいのか、夢を実現させたいのか、そこの狭間で悩んだ時期がありまして。ただ、私がとったのは正論だけを吠え続けているのではなくて、きちんと「助けて」って言っている人の声を、それを充たしてあげる、実現していくことが私の目標、目的なので、やはり、反対だとか思想をごっちゃにされている方とか、嫌がらせをしてくる方とかにも、嫌でも歩み寄って折り合いをつけなければならないんですよね。結局それは先ほど言った数が全てだから。少しでも数をそろえるために、やはり歩み寄らなければならない。それは実現のために。なので、そこに対する過度なストレスがあります。[追跡調査]

Cさんは、葛藤の一つとして、どうして自分たちは常に「お願いする」側でマジョリティは「理解してあげる／認める」側なのかという疑問を呈している。

> 〔マジョリティ側の〕「いや、俺は、だから全然もう理解してあげてるよ」っていう「してあげる」って何？みたいな。ご本人は「俺は心が広い、もうこれだけ理解してあげてる」っていう気分で言ってしまっていることが、もう問題で。良かれと思ってでしょうけど。[PAC分析：補足説明]

> 「あれ、この場合は私たちには該当してないね、同じ国民なのに」っていうところが多々出てきたんですね。事実婚は許しているのに、同性愛者は駄目っていうのが多いんです。事実婚まで許しているんだったら、もう〔パートナーシップ〕制度利用して証明書までもらっているんですから、〔該当しても〕いいんじゃないのって、私はもう自然と思うんですけれども。何かそういったことに社会の偏見とかがあります。犯罪者でもあるまいし。…〔私たちは〕「お願いします」ってど

うして言わなければいけないのかっていう。［追跡調査］

　一市民としてマジョリティと同等の権利や尊厳を得ることが目的でありながら、それを得るためにはマジョリティに「お願い」せざるを得ない、マジョリティは認める側、マイノリティは認めてもらう側という、ある種の上下関係（承認者―被承認者）から抜け出すことのできない矛盾と葛藤をＣさんが感じていることが、これらの語りからはうかがえる。さらに、Ｃさんは女性であることを理由に「いるだけでいいから」と仕事を任されず「蚊帳の外のような仲間外れ感」を抱かされたこともあれば、反対に「俺はやっている。なぜ君はできない」と女性にとっては「体力的、筋力的」にきつい仕事をやらざるを得ない状況に立たされたこともあったと語っていた（PAC分析：補足説明）。

　以上のことから、マジョリティのルールやシステムがマイノリティに適用される範囲はマジョリティ主導で決められており、それが現行システムの維持、さらにはマイノリティの自己効力感の低下につながっていることが示唆される。

4.1.4　無自覚な優位性および規範的ステレオタイプ

　Ａさんは、既得権益を持った人々から受けた理不尽な経験および彼らとの闘いについては多くを語っていたが、自身より社会的立場の弱い人々についての言及は一切なかった。Goodman（2011 出口監訳・田辺訳 2017）は、白人、男性、異性愛者、健常者といったカテゴリーに位置づけられている人々は自らが社会的に優位な立場にあることに無自覚であり、被抑圧集団が受けている不公平な扱いに対して意図的に無知でいられる特権を持っていると指摘している。これらのことからは、自らが社会的に優位な立場になり得ることにＡさんが無自覚だったことが浮かび上がってくる。

　他方、Ｄさんからは「家族の世話は女性がすべきである」という無自覚な規範的ステレオタイプがうかがえた。追跡調査において「〔福祉施設の活動に〕お母さんを巻き込みたい」「お母さんが亡くなった後どうする」等、障がい者の子どもを支えるのは母親であることを前提とした語りがＤさんには多くみられた[12]。Ｄさんは、自身がこれまで深く関わってきた領域（障がい者・外国人）においては、個／多様性を尊重する様相を呈していたが、ジェンダーに関する領域では無自覚な規範的ステレオタイプを持っていたことが、この事例からは読み取れる。その規範の形成には、Ｄさんのそれまでの経験が影響していたことが推察できる。Ｄさんは義理の母親の介護について、実の娘がしなかったために、義理の娘である自分が担うことになったと語っている。

　　〔義理の母親は〕実質7人子どもがいるのに娘は当てにならないっていう現実を見ちゃったんですよ。（筆者：7人のうち娘さんがいたんですね）そうです。4人娘がいて。…私、おばあちゃん看るために公立の幼稚園を辞めるっていう現状にまでなって辞めたんです、結局。［PAC分析：CL1］

---

12 「お母さん」という表現は24回用いられていたが「お父さん」は4回であった。インタビューの途中「お父様は関係ないんですか」と尋ねたところ「離婚なんかする家もあるくらいだから。でも、お父さんもお母さんも巻き込んだらいいかなと思っています」とＤさんは回答している。このやりとりの後も「お父さん」という言葉の頻度は低く、「お父さん」は「お母さんやお父さん」という表現の1回のみであったが、「お母さん」は5回使用されていた。

　Dさん同様、Aさんも自身の経験に基づき「困難な状況は努力と知恵で乗り越えるべきである」という規範を形成していたことが調査結果からうかがえる。以上のことから、人は自らの経験を肯定すべく無自覚に規範的ステレオタイプを形成し、他者にもそれを適用する傾向があることが示唆される。

4.2　社会改革の促進要因

4.2.1　主観的格差感（−）の責任を社会に帰する

　Cさんは、Aさん同様、職業領域において自らの属性／特性／能力（性別・年齢）に主観的格差感（−）を抱いていた。しかし、Cさんにとっての職業領域での承認獲得はあくまでも下位目的に過ぎず、上位目的は性的マイノリティが生きやすくなるために必要な制度・行政サービスの整備および偏見の低減にあった。実際、Cさんは自らの属性／特性／能力だけではなく、社会（社会システム・社会制度・法律）にも主観的格差感（−）を抱いており、その責めを社会に帰している。

4.2.2　メインストリームの価値基準に固執しない—差異／優劣を規定する基準を問い直す—

　Dさんは波乱万丈な人生を歩んで来ているが格差は感じないと語る。Cさんはマジョリティと同じ制度・行政サービスを自分たちのデフォルトにすること、つまりメインストリームにおける承認／包摂が目標であるが、Dさんはマイノリティをマジョリティと同じものさしで判断せずに理解し、多様な生き方（選択肢）および解釈が尊重されることを目指していた。Dさんは現在のメインストリームとは異なる道に進むことも一つの選択肢であり、いずれの道にも優劣はないと捉えている。

　　〔格差を感じるかどうかは〕その人がどう思うかでいいわけで、幸せだったら幸せで、大きなお世話ですよね。…「勉強できなかったな」って思いながら、こっちの道、選んだっていう、これも1つの幸せじゃん、1つの人生として、って思うこともありますよね。何が幸せって、要はその人が何を求めるかもしれないよね。…昔の、職人気質って言われてた人たちって交流は下手だけど、集中できるっていう、その子たちがなってたんだってね。その子たちが技術をずっと伝承してるんだって。だから、ほんとは、そういうところにちゃんと受け皿があったと。…そういう子が普通の学校、その価値観の中に入れられちゃったから、今、登校拒否になってるとか。［追跡調査〕

　以上のことから、Dさんが非当事者が定めた基準で優劣をつけられたくない／つけたくないと考えており、関係流動性（準拠集団の選択の自由度）の高さを肯定的に捉えている様相がうかがえる。

　この考えを後押しする事例としてBさんが挙げられる。Bさんは、家業において多数派を占める年長の社員から理不尽な扱いを受けていた（準拠集団において承認／包摂が得られなかった）が、若手後継者というマイノリティ性に格差（−）は感じておらず、むしろ自身の属性／特性／能力（学ぶ機会の得やすさ・語学力）に主観的格差感（＋）を抱いていた。Bさんは「現状を変えるために、他人を変える能力じゃなくて、今は自分を変える方向にフォーカスしている」と語り、調査の数日後、関係流動性の高さを利用し、家業から距離をおくべく渡米している。インタビューの最後にBさんは「あっち〔アメリカ〕で頑張って、結果を日本に持って帰って、それを使って親を幸せにしたいとか、もしくは日本のZ〔Bさんの住んでいる市町村〕に貢献したいとか、そういう気持ちが強いです」と述べて

いる。横溝（2020b, 2021）によれば、「個／多様性の尊重」を求めメインストリームから距離をおいた子ども2名、「関係流動性」の高かった定住外国人2名、計4名のうち3名は主観的格差を感じておらず、1名は自らの属性／特性／能力に主観的格差感（＋）を抱いていた。これらのことからはメインストリームを準拠集団とすることに固執しない者は、主観的格差感（－）を抱きにくいことが推察できる。

　現在のB・Dさんは、メインストリーム内のマジョリティに直接働きかけることはしていない。しかし、メインストリームの価値基準に同化せず、自身または身近な人々の個を尊重しようとする姿勢は、長期的展望に立てば社会改革への働きかけにつながる可能性があると考える。

　総じて、CさんとB・Dさんの違いは、横溝（2020b）の2つの「自由」と関連していると考えられる。Cさんはメインストリームでの「機会の平等」、B・Dさんは「個／多様性の尊重」の獲得をそれぞれ「自由」と捉えており、前者は直接的、後者は間接的にメインストリームの社会改革に寄与することが示唆される。

4.2.3　他者志向動機・互恵意識の高さ、身近な人々との協働

　Cさんは、性的マイノリティの人々からの悲痛の叫びをスルーすることができない、その声を市政に届けないことには制度やサービスの整備にはつながらないという思いが自らの活動の原動力になっていると語る。

　　原動力は「助けて」っていうその声をスルーできないっていう、これ一点に限るなというふうに私は思っていまして。…声を挙げなければ、いないものとみなされてしまうという、これは法律とか制度が出来上がる上でも大切なことだと思いまして。課題はいっぱいあるけど、言えない、もしくは黙っているだと当事者でない人からすれば、いない、課題はない、そういった人はいないっていうことになってしまうので。［追跡調査］

また、人々の役に立つことは自身の存在意義につながるという。

　　人の役に立つこと、それは結果的に自分が充たされるのかもしれないです。はじめて、そこに存在意義を感じるというか。誰かの役に立つことが「あっ、自分、役に立っている、生きてる」って自分の幸福度が上がるのかもしれないです。自分のためにやっているって言っても過言ではないかもしれないです。［追跡調査］

さらに、多くの人々の協力のもと活動を立ち上げたことも継続の要因となっていると捉えている。

　　〔NPO法人の〕設立に当たっては、いろんな方の協力があってできたというところなので、そのそれぞれの手を貸してくれた思いがあるからこそ、より台無しには絶対にできないと。時間を割いてやってくれた人がいるんだから、この法人を、例えば途中でやめちゃうとか、それはあってはならない、大切にしたい、いろんな思いが詰まっているんだっていうのがあります。だから全部一人でやっていたら、もしかしたら続いてないかもしれないです。［追跡調査］

Ｃさんと同様に、Ｄさんも人の役に立ちたいという思いが強い。

その人が笑顔になるのに必要な人が、もしいて、その役目ができるんだったら〔自分が〕やってもいい、いいかなって。〔追跡調査〕

また、周囲の人々が協力してくれるのは、Ｄさんが携わってきたこれまでの活動を通して、障がい者の可能性について共感してくれたからではないかと考えている。

「何かやることあったら言って」っていう仲間たち、「草取りでも何でもやるよ」っていう人たちとか、みんな気持ちがあるんだなぁと思って。そういう思いを少しでも受け止めて、〔障がいの〕子たちに一人でも多くの人たち、大人と関われる環境を作れたらすごくいいのかなって。（筆者：どうして皆さんこんなに支援してくださるんでしょうね？）何ででしょうね。活動していたのも皆分かってくれているし、こんなに障がいの子たちができると思わなかったとか、感動してくださったからかもしれないですね。誰と出会って何を提供されるかで変わるっていうのは身をもって彼ら〔障がい者の子どもたち〕が証明してくれているからね。〔追跡調査〕

Ｃ・Ｄさんの共通点として他者志向動機・互恵意識の高さ、そして身近な人々との協働が挙げられる。他者志向動機とは「自己決定的でありながら、同時に人の願いや期待に応えることを自分に課して努力を続けるといった意欲の姿」（真島，1995, p.128）、互恵意識とは「依存行動と支援行動から成り立つ互恵的な対人関係に対するポジティブな態度」（田中・高木，2011, p.80）を指す。社会的自己効力感は他者との関わりで得られる随伴経験の成果を積み重ねることにより高まるのではないかという指摘（井戸本・牧，2015）からも、他者志向動機・互恵意識の高さおよび人々との協働が社会変革の促進要因となっていることは理に適っていると言えるだろう。

4.2.4 時代の波

Ｄさんは、国が設置した無料の経営相談所による支援、そこで知り得た社会福祉施設等施設整備費補助金に関する情報が活動の後押しにつながったと語っている。

起業する人たちのために専門家が控えていて、相談に乗ってくれるところがあるんですよ、無料で。…そこで、グループホームは〔賃貸ではなく〕逆に建てたほうがいいかもって話を聞いてきて、だって5分の4出るんだって補助金、建物に。（筆者：お金はどこから出るんですか？）県にいって国みたいですよ。…第二次ベビーブームの子たちが障がい持っている子多いんですよ。数の原則でね。〔追跡調査〕

同様に、Ｃさんは時代の波について以下のように語っている。

時代の波は本当に大いにあると思います。それは私も驚いているくらいです。今まで話も聞いてくれなかった人が「今はそういう時代でしょ」って言って話を聞きたがる、それは数年前ではあ

り得ないことです。特にオリンピック、パラリンピックを機にだいぶ多様性っていう言葉が使われるようになって、いい面悪い面どちらもあるんですけれども、どちらにしても考えるきっかけだったり注目を浴びるきっかけになったのかなとは思っているので、それはすごくこの時代の流れには助けられています。…政策を推し進めるにあたって当事者だけじゃなくて、非当事者の方の力って本当に必要なんですよね。なので、そこに響いた、届いたっていうのが今のいい流れを作れたきっかけなのかなと思うんです。ただブームとして捉えられて、流行りって始まりと終わりが来てしまうので、それだけは絶対に避けたいなと思います。［追跡調査］

　これらの語りからは、多様性を謳う時代の波が福祉・人権活動の後押しとなり、非当事者の意識の喚起につながっていることがうかがえる。2023年5月現在、G7広島サミット2023の開催を前に「LGBT理解増進法案」に関する議論が盛り上がりをみせているが、このような国際社会からの評価（外圧）も時代の波をつくる契機の一つとなっていると言えるだろう。さらに時代の波は、現行システムが変更可能であるという認識が強化されることにより、その課題を積極的に探索するようになるという「システム変革動機」（Johnson & Fujita, 2012）と相互作用していると考えられる。両者の関わりについては今後の課題としていきたい。

5.　まとめ

　最後に社会改革の阻害・促進要因を示す仮説モデルについて整理していく（Figure 4.：A〜Dは該当する調査協力者）。まず社会改革の阻害要因として、①主観的格差感（−）の責任を自己に帰する、②多数決による決定、③対立緩和のためにマイノリティがマジョリティに歩み寄りを図ろうとしたことから生じる承認者―被承認者という不均衡な関係の固定化、④無自覚な優位性および規範的ステレオタイプが挙げられる。これらは全てメインストリームにおける規準が前提となっており、マイノリティとマジョリティが対峙している状態では、社会改革（メインストリームにおけるマイノリティの承認／包摂の獲得）は一筋縄ではいかない様相が示唆される。

　一方、社会改革の促進要因として、⑤メインストリームにおける主観的格差感（−）（「機会の平等」）の責任を社会に帰する、⑥（間接的かつ長期的展望ではあるが）メインストリームの価値基準に固執せず「個／多様性の尊重」に努める姿勢が挙げられる。これらは横溝（2020b）が提言する2つの自由と重なるところがある。なお後者には、主観的格差感を抱かない、もしくは主観的格差感（＋）を抱く傾向がみられた。有元・岡部（2008）は、新しい社会的現実は小さな規則違反、小さな綻びから始まり、それが当たり前になっていくことで形成されていくと述べている。小坂井（2021）は、私たちが目指すべきことは同質化ではなく比較不可能な才能が共存する多様性に溢れる社会であると指摘している。Minow（1990）の提示する、観点を変えることから普遍化された既存の境界線や価値の融解を目指す「関係性アプローチ」もこの考え方に通ずるところがあるだろう。

　加えて、メインストリームの内外を問わず、⑦他者志向動機・互恵意識の高さ、身近な人々との協働、⑧時代の波も社会改革の促進要因となると考えられる。ラベリング理論（Becker, 1963 村上訳 2019）によれば、ある行動が逸脱とみなされるか否かは、その行動そのものではなく、それが行われる社会集団の規範と時代によるところが大きいという。今後の社会改革への働きかけの進展は、メインストリームの内外を問わず、社会を構成する人々とりわけマジョリティが抱く違和感をメインスト

リームの規範から外れた逸脱と捉えるか、多様な選択肢の一つとして新しい社会的現実への一歩と捉えるか、その判断・解釈に懸かっていると言えるだろう。

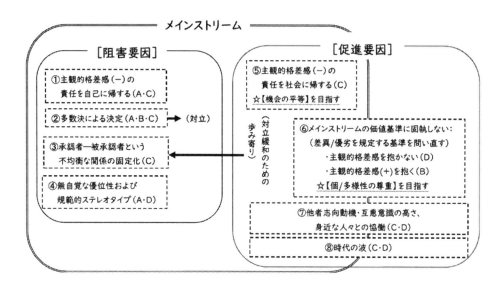

Figure 4.　社会改革の阻害要因および促進要因の仮説モデル

　本稿は、社会改革の阻害要因および促進要因を主観的格差感との関わりから論じた点において意義があると言えるだろう。しかし、本稿が示したものは、あくまでも社会制度・行政サービスの整備等への“働きかけ”の阻害・促進要因であり、社会改革の“実現”には、さらなる要素が複雑に関わってくることは想像に難くない。また「差異のジレンマ」（Minow, 1990）、すなわち、法整備をはじめ社会改革のためには差異を明確にする必要があるが、差異を強調・固定化することでスティグマを助長してしまうという懸念に関する議論にまでは及んでいない。加えて、事例数が限られているため仮説の生成過程の域であることも否めない。これらについては今後の課題としていきたい。

引用文献

有元 典文・岡部 大介（2008）．デザインド・リアリティ　北樹出版

Becker, H. S. (1963). *Outsiders: Studies in the sociology of deviance*. New York: Free Press. （ベッカー , H. S. 村上直之（訳）（2019）．完訳アウトサイダーズ――ラベリング理論再考――　現代人文社）

Goodman, D. J. (2011). *Promoting diversity and social justice 2nd edition*. New York and London: Routledge. （グッドマン, D. J. 出口 真紀子（監訳）・田辺 希久子（訳）（2017）．真のダイバーシティをめざして　上智大学出版）

井戸本 陽・牧 郁子（2015）．中学生における社会的効力感――尺度作成と技術科授業を通じての効果検討――　大阪教育大学紀要　第IV部門　教育科学, *63*(2), 101-116.

石田 光規（2022）．弱い紐帯（The strength of weak ties）再訪――包摂の機能に着目して――　林 拓也・田辺 俊介・石田 光規（編）　格差と分断／排除の諸相を読む (pp.97-112)　晃洋書房

Johnson, I. R., & Fujita, K. (2012). Change we can believe in: Using perceptions of changeability to promote system-change motives over system-justification motives in information search. *Psychological Science, 23*(2), 133-140.

Jost, J. T., & Banaji, M. R. (1994). The role of stereotyping in system-justification and the production of false consciousness. *British Journal of Social Psychology, 33*(1), 1-27.

Jost, J. T., Blount, S., Pfeffer, J., & Hunyady, G. (2003). Fair market ideology: Its cognitive-motivational underpinnings. *Research in Organizational Behavior, 25*, 53-91.

Kahneman, D., & Tversky, A. (1979). Prospect theory: An Analysis of decision under risk. *Econometrica, 47*(2), 263-291.

川嶋 伸佳・大渕 憲一・熊谷 智博・浅井 暢子 (2012). 多元的公正感と抗議運動――社会不変信念、社会的効力感、変革コストの影響―― 社会心理学研究, *27*(2), 63-74.

Kluegel, J. R., & Smith, E. R. (1986). *Beliefs about inequality: Americans' view of what is and what ought to be*. Hawthorne, NJ: Gruyter.

小坂井 敏明 (2021). 格差という虚構 筑摩書房

真島 真里 (1995). 学習動機づけと「自己概念」 東 洋 (編) 現代のエスプリ333 意欲――やる気と生きがい――(pp.123-137) 至文堂

Minow, M. (1990). *Making all the difference: inclusion, exclusion, and American law*. Ithaca and London: Cornell University Press.

みずほ総合研究所 (編) (2017). データブック 格差で読む日本経済 岩波書店

内藤 哲雄 (1997). PAC分析実施法入門――「個」を科学する新技法への招待―― ナカニシヤ出版

日本財団 (2019). 18歳意識調査「第20回 社会や国に対する意識調査」要約版 Retrieved from https://www.nippon-foundation.or.jp/app/uploads/2019/11/wha_pro_eig_97.pdf (2022年9月1日)

額賀 美紗子・藤田 結子 (2021). 働く母親はどのように家庭教育に関わるのか――就学前から形成される〈教育する家族〉の格差と葛藤―― 家族社会学研究, *33*(2), 130-143.

大渕 憲一・福野 光輝・今在 慶一朗 (2003). 国の不変信念と社会的公正感―デモグラフィック変数、国に対する態度、及び抗議反応との関係― 応用心理学研究, *28*(2), 112-123.

連合 (2022). Z世代が考える社会を良くするための社会運動調査2022 Retrieved from https://www.jtuc-rengo.or.jp/info/chousa/data/20220303.pdf?7665 (2023年1月10日)

坂井 豊貴 (2015). 多数決を疑う――社会的選択理論とは何か―― 岩波新書

坂田 紘野 (2022). 「多数決の原則」と「少数意見の尊重」について考える――シルバー民主主義と東京一極集中にどう向き合うべきか―― ニッセイ基礎研究所 Retrieved from https://www.nli-research.co.jp/report/detail/id=71471?pno=1&site=nli(2023年5月9日)

Samuelson, W., & Zeckhauser, R. (1988). Status quo bias in decision making. *Journal of Risk and Uncertainty, 1*, 7-59.

志水 宏吉 (2014). 「つながり格差」が学力格差を生む 亜紀書房

SSPプロジェクト幹事会 (編) (2023). 2022年階層と社会意識全国調査 (第2回SSP調査) 報告書 Retrieved from https://ssp.hus.osaka-u.ac.jp/pdf/SSP-2022.pdf(2023年11月4日)

田中 優・高木 修 (2011). 自己評価、自己受容、および自尊心が互恵的対人関係意識を介して対人関係満足に及ぼす影響 関西大学社会学部紀要, *42*, 75-92.

Thaler, R. (1980). Toward a positive theory of consumer choice. *Journal of economic behavior & organization, 1*(1), 39-60.

横溝 環 (2020a). ひとり親の子どもが感じる主観的格差の構造―PAC分析を用いて― 人文コミュニケーション学論集, *6*, 59-83.

横溝 環 (2020b). 母子家庭の親子が捉える主観的格差――経済的格差と自由との関わりおよび貧困の責任帰属―― PAC分析研究, *4*, 38-48.

横溝 環 (2021). 主観的格差感の構成要素に関する探索的研究――関係流動性格差および承認／包摂格差―― 多文化関係学, *18*, 3-20.

多文化関係学　2023, 20, 23-27
Multicultural Relations　2023, 20, 23-27

書評

林志弦著（澤田克己訳）

『犠牲者意識ナショナリズム―国境を超える「記憶」の戦争―』
Jie-Hyun Lim (Sawada Katsumi, Trans.)
Victimhood Nationalism

渋谷　百代　Momoyo Shibuya[1]

1.

　日本と中国や韓国との関係においては、歴史認識問題が課題として存在し続けており、認識の差に関心が集中するようなきっかけが何かあれば、すぐに互いの民族主義の応酬が過熱し、敵対関係に陥ってしまう。戦後、重ねられてきたはずの謝罪外交もかみ合っていない印象だ。このような東アジアの状況を、過去に何があったかを明らかにする「歴史」というより、過去をどのように認識し歴史を構成していくかという「記憶」から捉えなおし、新たな「犠牲者意識ナショナリズム」という概念を使いながら議論を展開しているのが本書だ。

2.

　本書は、著者・林志弦氏が日韓関係やドイツとポーランドの事例を起点に長く行ってきた民族主義と「記憶」の研究に基づいた『희생자의식민족주의 (victimhood nationalism)』（2021年）の日本語翻訳版である。「はじめに」に続いて、「犠牲者意識ナショナリズム」という概念の定義（第1章〈系譜〉）とその発生のメカニズム（第2章〈昇華〉）や特徴（第3章〈グローバル化〉、第4章〈国民化〉）を説明した後に、危険性や課題について指摘し（第5章〈脱歴史化〉、第6章〈過剰歴史化〉、第7章〈併置〉、第8章〈否定〉）、それを超えた先の可能性について言及して（第9章〈赦し〉、終章〈記憶の連携へ向けて〉）議論を結んでいる。研究の問題意識や方法論については、巻末に補論〈記憶の歴史〉として加えられている。なお、この補論は原著では第1章だったが、翻訳者の提案により、日本の一般読者に読みやすいよう配慮し巻末へ移動させたそうだ。その配慮には感謝しつつも、歴史や記憶研究、あるいは隣接分野の研究者が読む場合は、問題意識や方法論といった研究の枠組みが最初に来る原著の構成の方が、読み慣れているということもあって、やはり読みやすいのではないかと思う。

　さて、全529ページという決して薄くはない本書の内容を網羅しつつ簡潔に紹介するのは、いかにも困難を伴うが、以下に主な論点をまとめてみる。本稿で触れることができなかった重要な議論も多数あることはあらかじめ断っておきたい。

1 沖縄大学人文学部国際コミュニケーション学科　m-shibuya@okinawa-u.ac.jp

　第1章では、バウマンの「世襲的犠牲者意識」という概念に着目しながら、犠牲を直接強いられた世代ではなくとも自民族を犠牲者だと認識することが継承され、民族アイデンティティの一部として強く働くことをポーランドやイスラエル、韓国などの事例から示している。犠牲者としての集合的記憶は加害者のイメージや加害者との関係についての認識を硬直化させる問題を孕むが、それが他国に居住するディアスポラ・コミュニティの遠距離ナショナリズムを刺激し、トランスナショナルに展開していくため、影響もダイナミックに捉える必要があると論じる。ディアスポラ・コミュニティが移住とともに持ち込んだ記憶と、後から伝わってきた母国での「犠牲」の記憶とに対して、コミュニティが同じように反応するのか否かは明確には語られていないため、犠牲者意識ナショナリズムにおける遠距離ナショナリズムの役割がまだ少し不明瞭にも思える。しかし、犠牲者としての記憶がグローバル社会に流通するものであるとの指摘は、昨今のコミュニケーション環境に鑑みると無視できない重要性を持つと言えよう。

　第2章は、被害者意識ナショナリズム発生のメカニズム、つまり戦争等の被害者が記憶の中で国家の犠牲者に変わっていく仕組みについて説明している。「無意味な死」（p.44）に追いやられた国民を、国家が犠牲者として哀悼し、昇華させることは、生き残った人の抱く罪悪感を消す役目があるという。ただしそこには国家のために殉教するというストーリーが必要で、実現のためには国家の政治宗教が求められる。日本はその点、戦死者を神格化することが容易な神道の伝統があり、非常にスムーズに政治宗教が導入された事例として論じられている。この昇華の議論の中では、民主主義を掲げている国ほど国民からの同意が必要となるため政治宗教の仕組みに依存する、また国への殉教に対しても実際に戦争で生き残った人よりも経験していない人の方が肯定的に受け止める、という一見パラドックスに見える現象が指摘されており、そのメカニズムは興味深い。

　第3章は記憶のグローバル化、つまり脱領土化について、第4章は逆に再領土化について、それぞれ論じている。グローバル化によって人や情報が国境を越えて行き来し、記憶もグローバルな空間で共有されるようになったわけだが、それによってそれぞれ無関係に別の地域で起こった「犠牲」が想起され掘り起こされたり、共鳴したり、連帯したり、という動きが見られるようになったのが、記憶のグローバル化と言われる現象だ。2013年、米国カリフォルニア州グレンデール市に旧日本軍朝鮮人慰安婦を象徴する少女像が設置されたとき、なぜ米国に、なぜグレンデール市に、と疑問を持った人は少なくなかったが、韓国系コミュニティが犠牲者としての集合的記憶に共感したのに加え、グレンデール市の人口の約3割を占めるアルメニア系コミュニティがアルメニア・ジェノサイドの記憶をもって連帯したという背景があるようだ。日韓二国間の問題を超えて、記憶が脱領土化し、再構成されるというグローバル化によって起きた現象と理解できる。他方で、グローバル化の反動は記憶についても起こり、人類に共有された犠牲の記憶を再領土化しようとする（他の誰でもなく自分たちこそが犠牲者の地位にあると主張する）動きも見られるという。グローバル化によってこれまで埋もれていたような記憶も拾われるようになったり、それによって多様性が増したりという民主的な空間が登場したが、かえって記憶の競争、つまり「物語の標準（ナラティブ・テンプレート）」（p.101）を巡る覇権争いを引き起こすことにつながった。これら脱領土化というコスモポリタン化への流れと再領土化というナショナリズムや覇権争いへの流れの、相反する二方向の流れが発生するというのは目新しい議論ではないが、犠牲者意識の記憶についても起きるということを改めて気づかせてくれる。しかし未だ解明できていない部分もあり、例えば、移民が持ち込む記憶によってホスト社会の記憶が影響を

受け変化していく一方で、移民自身が関わっていないホスト社会の記憶にどのように参加していくのか、という問題については著者も言及するにとどまっており、今後さらなる研究の展開が待たれるところである。

第5章は、ドイツや日本において、第2次大戦後に犠牲者意識ナショナリズムを正当化するような記憶文化が形成されたことを論じる。ドイツがドレスデン爆撃の犠牲を、日本が広島への原爆投下による犠牲を強調することで、歴史的な流れを無視（脱歴史化）した記憶が国民の中に残ることになったという。その犠牲の記憶が前置されることで、自分たちの加害行為は後景に遠のき、目が向かなくなる。日本の場合、特に人々の意識から「誰が戦争を起こしたのかという主体と責任の問題が抜け落ちて」しまう（p.169）傾向が強く、人々は戦争を天災のように受け止め、反戦運動も責任問題に向かうことはない。同時に一般の日本人は、軍部指導者に従い総力戦に加担したはずであるにも関わらず、軍部に騙された被害者というイメージを作り上げ、それをアピールすることで戦争責任から逃れていると指摘する。続く第6章でさらに議論を展開させ、韓国やポーランド、イスラエルの事例から、アーレントの「集団的有罪」「集団的無罪」という考え方が働くことで、個々の加害者が犠牲者の身分を得てしまうという過剰な歴史化現象を説明する。朝鮮人戦犯は日本の植民地支配を受けた民族なのだから無罪であり、犯罪行為があったとしてもそれは命令に従っただけという弁明がこれに当たる。また、第7章ではある民族の集合的記憶を他者の記憶と並べて比較する効果を指摘する。比較が、どちらの記憶が「より大きな痛みを経験し、誰の痛みがより普遍的な意味を持つのか」（p.240）という競争となることもあるし、自らの記憶の正当化にもつながる。加えて、別の記憶について忘れさせてしまうという効果も持つという。例えば日本では被爆の記憶がホロコーストと併置され、その結果、被爆という犠牲に比べれば、日本軍が行った加害行為は取るに足らないこととして、その加害責任を消してしまうという場合だ。そして第8章で戦争等の犠牲に対する否定論についても議論する。自民族の犠牲者意識ナショナリズムの世界観に合致しない事柄について、近年はSNSやアマゾン等の国際的書籍ネット販売サイトの読者レビュー欄すらも使い、人々は多種多様な否定論の主張を展開する。否定論が力を持つ社会では、証言しかない本当の犠牲者の深い記憶は埋もれ、編集された資料で作った記憶が幅を利かせてしまう。

このような犠牲者意識ナショナリズムを超えて、どのように和解に向けて動けるのか、について第9章で議論する。紹介されているのは，膠着状態にあったドイツとポーランドの関係を歴史的和解に動かした、ナチの犠牲者であったポーランドのカトリック教会が加害者のドイツに赦しを請う書簡を送ったという事例である。加害−被害という固定概念を取り払い、犠牲者意識ナショナリズムを乗り越えたという創造的な経験だ。そこから東アジアの硬直した犠牲者意識ナショナリズムの競争を抜け出すための道を模索するとき、著者は現時点での結論として、論争があっても沈黙せず、「批判的な緊張関係」（p.360）から記憶の連帯を生み出していくことを提示している。未来のために犠牲者たちが記憶の連帯を実現させるためには「犠牲者意識ナショナリズムを犠牲に」（p.360）する覚悟が私たちには必要ということだ。

3.

「はじめに」にある著者の「『西洋』が理論を提示し、『東洋』は理論を実証する資料を提供するという不平等な学問的分業体制に安住することは望まない」（p.xiii）という表明から、新しいサムシングが

得られるのではないかと期待しながら（そして同時に、安住してしまっていた自らを反省しながら）読んだ。本書で書かれる一つひとつのストーリーは、地域研究や国際関係史研究などで語られてきたものが多く、その点では新しい発見があったわけではない。しかし他方で、事実としての歴史から一旦距離を置いて記憶文化に注目し、それを枠組みに設定することで、より説明力が増すと感じられた。特に東アジアの膠着した関係性を考える時、犠牲者意識ナショナリズムという概念は非常に説明力のある枠組みとなりえる。つまり、どの資料が正しく事実を示しているか、という歴史の事実を巡る競争ではなく、それぞれが犠牲者意識ナショナリズムに囚われた状態で記憶を巡る競争―誰の記憶が標準（テンプレート）になるのかという覇権争い―と捉えれば、これまで行ってきた日本の歴史ベースの対東アジア戦後処理があまり成果を出せずに終わっていることも理解できるようになる。文化が異なれば見えるものは異なり、また理解の仕方も異なるというのは（異文化）コミュニケーションを学べば当然の知見だ。が、実際の異文化対話の中で一旦話が歴史認識問題になると一気に事実のゼロサムゲームに引き込まれ、忘れられてしまうため、コミュニケーション研究者として、議論を歴史研究者だけに預けるのではなく、関わり、連帯を生む東アジアの記憶空間作りに貢献すべきではないかとの思いに至る。

　しかし、今後、犠牲者意識ナショナリズムに支配された東アジアの記憶空間の景色を変えるために、果たしてどのような道があるのかは読後の今もはっきりとは整理がついていない。著者は、政治レベルや市民レベルでの対話のチャンネルが機能していないなら、ポーランドとドイツでの実績から、超国家的な記憶主体であるカトリック教会がそれを補う役割を果たせるのではないかと期待している。しかし、欧州のような効果を生むことができるかどうかと考えたとき、正直なところ懐疑的にならざるを得ない。韓国はともかく、日本や中国ではカトリック教会が社会や国家を動かせるほどの影響力を持てると考えるのは無理がある。

　東アジアの社会的文化的文脈を考えれば、他のアクターや他の方法も検討すべきではないだろうか。例えば、本書の中で著者は日本の「大浦聖コルベ館」や「聖コルベ記念館」に置かれた訪問者用ノートを、「記念館の展示に日本の訪問者が積極的に介入し、双方向コミュニケーションの記憶文化を作って行く」(p.272)メディアとして、その意義に言及している。そこからもう一歩議論を進めてみれば、ミュージアムは、世界の人々との対話に開かれたメディアとして、国内外の訪問者との双方向のコミュニケーションによって記憶文化を作って行くことができる可能性を秘めていると考えられる。そうならば、記憶の連帯が可能な環境作りにも何らかの形で関われる可能性はあるだろう。

　さらに、犠牲者意識ナショナリズムを本書の扱った範囲から少しずらして沖縄の事例に援用してみると、また異なる議論ができそうに思う。沖縄は、大戦で地上戦を経験し、27年間の米軍統治を経て1972年に本土復帰した。地上戦の犠牲者である一方で、ベトナム戦争中は米軍基地の所在地として、本土以上に加害者であることを意識する状況に置かれ、本土とは異なる記憶文化により、独自の犠牲者意識ナショナリズムを形成させているだろう存在だ。この明らかな加害－被害の重層構造は、日本本土の構造よりも、それぞれ加害や犠牲の規模や性質は異なるにしても、韓国や台湾、あるいはハワイなどにも見ることができるものに近いと想定される。そこから、本土に先んじてそれらの地域と記憶の連帯をなし、その経験の共有によって本土に変化を誘起する存在となれるのではないか。あるいは、日本の犠牲者意識ナショナリズムをほどき、他国との記憶の連帯に近づけるきっかけを作れるのではないだろうか。

　本書を通して犠牲者意識ナショナリズムという概念を知り、記憶研究の枠組みを得ることで、自身の中にある犠牲者意識ナショナリズムに意識を向けられるようになり、東アジア研究の分析が深くなるだろう予感を得た。犠牲者に赦しを求めることを和解の前提にしないという視点の転換も、新たな選択肢をもたらしてくれそうだ。実証だけに終わらず理論を提示していこうとする研究姿勢も含めて、創造的に東アジア関係研究に取り組む（取り組みたい）研究者には示唆に富む書といえよう。

（東洋経済新報社、2022年、全529ページ、3,520円）

多文化関係学　2023, 20, 29-33
Multicultural Relations　2023, 20, 29-33

書評

石山恒貴著

『越境的学習のメカニズム―実践共同体を往還しキャリア構築するナレッジ・ブローカーの実像―』
Ishiyama Nobutaka
Mechanism of Cross-Boundary Learning

中野　遼子　Ryoko Nakano[1]

1.

　本書は、NPO法人「二枚目の名刺」（以下、二枚目の名刺）が実施したNPOサポートプロジェクト（以下、サポートプロジェクト）を対象に、著者が量的調査、観察調査、インタビュー調査を行い、企業の人材育成における越境的学習のメカニズムを、主に経営学の観点から解明することを目的としている。まず、越境的学習の定義を行い、関連する先行研究をレビューすることで必要な理論を整理し、本書のリサーチクエスチョンを提示している。次に、量的調査では、社外活動を行った者と行わなかった者とで本業の遂行状況を比較した。質的調査では、「二枚目の名刺」が実施したサポートプロジェクトの参加者のインタビュー調査から越境的学習の効果の解明を行っている。さらに、インタビュー調査の結果を基に質問紙調査を作成し、越境的学習の効果について量的な分析も実施し、その効果の有意性を明らかにした。筆者は、現在、さまざまな越境が存在する留学生教育に従事しているため、越境的学習を応用できるかという点に着目して本書を紹介したい。

2.

　序章では、所属する組織の枠を自発的に越境し組織の枠以外で学ぶこと、という越境的学習の概念を示し、越境的学習が注目された5つの背景について述べている。まず、第1の背景は、職場を学習環境としてみなした上で（WPL, Work Place Learning研究）、職場以外の学習活動にも着目した。第2の背景は、状況的学習や実践共同体、そして活動理論からの注目である。越境者が越境先の集団（実践共同体）に参加することで、個人と集団が同時に学びを深めるというものである。第3の背景は、経営学およびネットワーク理論からの注目であり、ネットワーク理論では、集団には強い紐帯と弱い紐帯があると考え、弱い紐帯の方が多様な集団にコンタクトする際に有利であるという。そこで、弱い紐帯が異なる2つの集団をつなぎ、両集団になんらかの便益が生じると考える。第4の背景はキャリア理論である。企業や組織、職業、産業、地理といった様々なキャリア境界という制約を外してキャリアを考える必要性が主張され、キャリア境界をいかに越えるか、という観点から越境が注目されている。最後に、第5の背景は、社会人の社外勉強会・交流会への参加、という観点からの注目である。

1　東北大学大学院歯学研究科　ryoko.nakano.d7@tohoku.ac.jp

このように社外にインフォーマルに形成された集団での学びに注目が集まったという越境的学習の背景を整理した後、第1章から第4章にかけて、先行研究を概観しながら本書における重要な概念の定義を提示している。

第1章では、越境的学習について、先行研究の定義を参照しながら、本書における越境的学習の5つの定義について以下のようにまとめている（pp.38-39）。

定義1　広義の越境的学習の対象者は、「異なる状況をまたぐすべて」である
定義2　狭義の越境的学習の対象者は、「組織との関わりを有する働く人、働く意思のある人」である
定義3　越境的学習の境界とは、「自らが準拠している状況」と「その他の状況」との境を意味する
定義4　越境的学習の対象範囲は、越境者が境界を往還し、境界をつなぐ、一連のプロセス全体が該当する
定義5　越境的学習は、境界を往還しているという個人の認識が存在することで成立する

その後、越境的学習と類似の概念である「学習転移モデル（学校教育等で個人が特定の文脈に依拠せずに、転用可能な知識、技能を学ぶこと」（p.39）、企業における人材育成の3種の枠組み（「OJT (on the job training)」「Off-JT (off the job training)」「自己啓発」）、そして「経験学習」といった先行研究を概観しながら、各概念と越境的学習の関係性について述べている。例えば、越境的学習と経験学習の関係については、「越境的学習の過程では、経験学習サイクルが同時に進行し、その結果として個人と状況が相互に変化する」（p.59）と図を用いてまとめている。

第2章では、越境的学習における境界とは何か、について先行研究を概観しながら説明している。本書では、経営学の人材育成の観点から、「自らが準拠している状況」として、内部労働市場、実践共同体、キャリアという3種類の状況を取り上げ、その3種類の境界と越境的学習の境界の関係性について詳述している。その際、本書で重要な概念として、実践共同体における「意味の交渉」、つまり「意味が形成・創造されるプロセス」（p.73）や、実践共同体と公式的組織の一員として双方を往還することで生じる学習のループである「二重編み」について述べている。

第3章では、越境的学習における「ナレッジ・ブローカー（知識の仲介者）」の重要性について述べている。本書では、ナレッジ・ブローカーを、「同時に複数の実践共同体に参加し（中略）ある共同体の実践を他の共同体に仲介し伝播させる存在である」（p.93）と、定義している。また、ナレッジ・ブローカーは、ノットワーキング（刻々と変わる状況下で、多様な他者と関係性を結ぶこと）に習熟していくとしている。ノットワーキングに習熟することは、他者間の対話的な関係構築により、「複数の実践共同体でのアイデンティティを調停し、多様な価値観を統合することに資する」（p.101）としており、ナレッジ・ブローカーによるアイデンティティの調停の重要性について述べている。

第4章では、第1章から第3章までに述べてきた、越境的学習の5つの定義、越境的学習に関する3つの命題、そしてナレッジ・ブローカーに関する5つの命題をまとめて提示している。そこから、本書におけるリサーチクエスチョン（以下、RQ）を4つ設定している。具体的には、越境的学習はどのような学習でありどのような特徴があるのか（RQ1）、越境学習にはどのような効果があるのか（RQ2）、ナレッジ・ブローカーは複数のアイデンティティをどのように調停するのか（RQ3）、そし

てナレッジ・ブローカーは複数の実践共同体をどのように変容するのか（RQ4）、である。

　第5章では、本書のRQを解明するために実施された調査方法の概要や分析方法、調査対象となった「二枚目の名刺」の紹介や、「二枚目の名刺」が実施したサポートプロジェクトについて詳述している。「二枚目の名刺」の名前の由来は、「組織や立場を超えて社会のこれからを作ることに取り組む人が持つ名刺を二枚目の名刺と位置付けたこと」（p.120）による。そして、「NPOと企業に勤務する社会人の橋渡しを行い、社会人の自己成長、NPOによる社会課題の解決を同時に目指している」（p.120）。また、サポートプロジェクトは、「二枚目の名刺」のメンバー、プロジェクトに応募した企業に勤務する社会人、パートナーNPOの3者が参加する約3ヶ月間の協働プロジェクトであり、本業に支障が出ない範囲で作業を行う。プロジェクトの目的、成果物、スケジュールなどは、すべてパートナーNPOと社会人メンバーが話し合って決めることが原則であり、「二枚目の名刺」メンバーはコーディネーター役に徹し、できる限り介入しないという特徴がある。

　第6章では、越境的学習における具体的な学習の種類やそれぞれの特徴（RQ1）を解明するために実施された質問紙調査の分析結果が述べられている。調査対象者は、従業員数300名以上の企業に勤務している正社員で、そのうち社外活動を行っている回答者721名と、行っていない309名の回答、計1,030名の回答の分析を行った。その結果、副業、ボランティア、勉強会など8種類の社外活動の中で、ボランティア、地域コミュニティ、異業種交流会の3種類が、本業の業務遂行の状況へ正の影響があったことが明らかになった。この3種類は、所属する企業とは明確に異なる領域の人々と密接に交流するという共通した特徴があり、越境的学習として境界を超えた状況が生起していると考えられる。

　第7章では、「二枚目の名刺」が行ったサポートプロジェクトに関する質的な事例分析を通して、越境的学習の学習効果（RQ2）、ナレッジ・ブローカーがどのように複数のアイデンティティを調停するのか（RQ3）、ナレッジ・ブローカーが複数の実践共同体の変容をどのように実現するのか（RQ4）の解明を試みている。調査方法については、2015年8月から2016年2月の間に実施されたサポートプロジェクトの社会人（企業）参加者9名を対象に、プロジェクトの実施前、実施直後、実施から3ヶ月後の3回、計26回のインタビュー調査が実施された（1名の協力者が最後のインタビューに参加できなかった）。インタビュー結果を基に、サポートプロジェクトでは、社会人参加者とパートナーNPOメンバーとの共同プロジェクトを通して、参加者同士が異質性を認知していく過程を記述している。そこから、まず、越境的学習の学習効果（RQ2）として、「境界を越えて、異なる『意味』の存在を認知し、『意味の交渉』を行うことの可能性が広がること」（p.166）が明らかとなった。さらに、事例分析から、ナレッジ・ブローカーの役割の4段階を提示している。具体的には、第1段階は、「境界を越える環境を整える」、第2段階は、「『意味の交渉』ができる環境を整える」、第3段階は、「『意味の交渉』の実現、そして第4段階は、「個人の行動の変化の促進」である。つまり、ナレッジ・ブローカーは、メンバー間の異なる「意味」のすり合わせを促す役割を果たしており、異なる「意味」への学習者の自律的な気づきが「意味の交渉」を生じさせ、学習者のアイデンティティの「調停」をもたらす。また複数の学習者のアイデンティティが「調停」されることで、実践共同体自体も変容していく。ここから、複数のアイデンティティの調停の方法（RQ3）と複数の実践共同体の変容における役割（RQ4）が解明された。

　第8章では、前章のインタビュー調査の分析により明らかになった「越境的学習により醸成される

能力」を5つに分類し、質問紙調査によってその効果を測定した。質問紙調査は、2016年5月から11月に実施されたサポートプロジェクトの実施前後の2回、企業参加者50名とその上司を対象に実施された。その結果、越境的学習により醸成される5つの能力（「多様な意見の統合」「曖昧な状況での業務対処」「メンバーへの権限委譲と成長の重視」「顧客への率直な意見具申」「メンバー間の信頼関係の構築」）のうち、「顧客への率直な意見具申」のみ、実際に能力が向上することが明らかとなった。

　終章は、本書のまとめを行い、その後組織と個人がどのように越境的学習を活かすかについて、理論的意義と実践的意義の視点から述べている。まず、本書の理論的意義については4つあり、一つ目は、OJTだけでなく越境的学習により企業の人材育成の有効性が高まること、そこから人事異動や転勤といった多大な費用負担を行わなくても、越境的学習が人材育成の手段の一部になりうることを提示した点である。2つ目の意義は、これまで指摘されてこなかった実践共同体のジレンマを新たに発見したことである。3つ目の意義は、キャリアの転機においてアイデンティティを揺るがすような自己の変化が生じることと、異なる「意味」の認識により継続的にアイデンティティを「調停」することには共通性がある、ということを見出したことである。そして、最後の理論的意義は、ナレッジ・ブローカーは、個人として仲介を行うだけでなく、複数の学習者を支援するという役割を提示したことである。次に、本書の実践的意義については、個人の視点と企業の視点の2つの視点からまとめている。特に企業の視点については、越境的学習の種類に着目して企業が人材育成の考え方を変える必要性、企業が主導する人材育成の仕組みの中に越境的学習の要素を取り入れていく必要性、自社の人的資源管理との関係性を意識した上で越境的学習の導入を検討する必要性、の3点を提示した。最後に、今後の研究課題を述べて、本書を締め括っている。

3.

　本書の第一の意義は、越境的学習、活動理論、経験学習、キャリア理論、ネットワーク理論といった様々な理論を丁寧に読み込み、その関係性を分析し包括的にまとめた点であろう。また、越境的学習について、先行研究を詳細に整理しながら、その定義や「境界」についても提示している。さらに、これらの理論を使って、3つの調査を分析し、新たな理論的意義を見出した。そして、研究課題を提示し、その解明のために量的調査と質的調査による混合研究法を用いている。そのため、本書は、先行研究のレビュー、調査方法、理論と実践を結びつける方法、記述の構成等、研究方法について多岐にわたり参考となる点が多い。特に、近年、留学生教育の分野では、座学型の教育ではなく、国内学生と留学生がコミュニケーションを取りながら学習する国際共修が注目されており、アクティブ・ラーニング型やPBL型の授業が提供されることが多くなってきている。本書は、企業の人材育成を研究対象としているが、越境的学習は、異質な環境に参加することで、意味の交渉を通して、アイデンティティの調停をもたらすプロセスを扱っているため、留学生教育の分野でも起こりうる学習であり、参考になる点が多いと思われる。

　第二の意義は、ナレッジ・ブローカーに着目し、その役割を明らかにした点であろう。筆者は、留学生教育の分野において、留学生の学習や経験を深めるために、留学生と国内学生やホストの地域住民をつなげる仲介者の存在が重要だと認識し、「ネットワークのハブ」として注目してきた。本書は、その仲介者を、Wenger（1998）の「ナレッジ・ブローカー」という概念を用いて取り上げ、これまでの先行研究を整理しながら、その定義付けを行っている。さらに、「異なる『意味』の存在に関して学

習者への自律的な気づきを促す」というナレッジ・ブローカーの新たな役割についても提示した。学習者の教育的効果促進のために、教師による教育方法や、学習者の学習方法ではなく、ナレッジ・ブローカーの仲介により学習者が境界を越える環境や「意味」の交渉ができる環境を整えるという役割を本書で取り上げたことは、留学生教育の発展にとっても重要になると思われる。

　本書の限界としては、著者が指摘している点でもあるが、インタビュー調査対象が「二枚目の名刺」が提供する一つのサポートプロジェクトの参加者9名のみに限定されていることである。また、企業の人材育成を調査対象としているため、企業とパートナーNPO法人など、実践共同体の境界が明確である。そのため、国際共修授業やPBL型授業を研究対象とした場合、応用が難しい場合がある。例えば、PBL型の授業で留学生や国内学生が地域に越境する授業や、インターンシップの授業では、本書の理論を応用できる。しかし、学内での国際共修授業で、国内学生が留学生と英語で議論をしたり共同作業を行う場合、国内学生は「日本語で授業を受ける」環境から「英語で授業を受ける環境」へと越境をしているにもかかわらず、「自らが準拠している状況」、つまり「大学という組織で学ぶ状況」からは抜け出せていないので、異なる組織への越境的学習を扱う本書の知見をそのまま応用することはできない。ゆえに、教育に本書の越境的学習の理論を応用することの難しさがある。

　上記のような難点はあるが、近年、異分野融合、産学連携や社学連携による共同研究や協働学習が注目されるようになってきている。そのため、越境的学習の概念は今後よりいっそう必要になるであろう。企業やキャリア教育だけでなく、様々な教育関連の分野の方々に一読をお薦めしたい。

（福村出版、2018年、全240ページ、2,860円）

多文化関係学会誌『多文化関係学』（Multicultural Relations）投稿規程

制定 2003 年 3 月 7 日
改定 2021 年 5 月 15 日

（目的）

第 1 条　　　本学会誌は、多様な文化の相互作用およびその関係性を多面的かつ動的に捉え、多文化関係学の構築と発展に寄与する研究成果の公刊を目的とする。

（名称）

第 2 条　　　本学会誌の名称を、『多文化関係学』とする。またその英文名称を *Multicultural Relations* とする。

（投稿資格）

第 3 条　　　本学会誌に投稿・寄稿できる者は、次の通りとする。

(1)　筆頭著者は、本学会の個人会員・学生会員に限る。但し、前年度年次大会時において会員資格を有し、論文採択時には当該年度の会費を納入している者に限る。

(2)　共著者は本学会の会員と共同研究を行う者に限る。但し、共著者の 2 分の 1 は本学会員とする。

(3)　その他学会誌編集委員長が適当と認めた者。

（内容）

第 4 条　　　以下の 4 要件を満たす原稿の掲載を優先する。

(1)　文化性の視点　文化の対比・比較にとどまらず、多様な文化の相互作用に研究対象を広げたもの。この場合の「文化」とは国家を単位としたものに限らない。

(2)　関係性の視点　当該文化の属性や特徴を明らかにすることにとどまらず、文化間のダイナミックな関係性に焦点をあてたもの。

(3)　超領域性の視点　当該領域のみの適用にとどまらず、広く諸領域にわたる視点と応用により、多文化関係学の構築と発展を示唆する研究成果が提示されているもの。

(4)　パラダイムシフトへの配慮　上記の 3 視点に加え、パラダイムシフトが学術研究全般に与える影響に留意しつつ研究成果が論じられているもの。

（研究の倫理性）

第 5 条　　　研究倫理上問題があると判断される原稿は掲載しない。研究倫理のガイドラインは、「研究活動における不正行為への対応等に関するガイドライン」（文部科学省，2014 https://www.mext.go.jp/a_menu/jinzai/fusei/index.htm）に基づくものとし、それに従って設定された所属機関の研究倫理審査の承認を受けることを基本とする。所属機関等で審査が行われていないなどの理由で承認を得ていない場合は、執筆規程にある所定の手続きを行う。

（重複投稿の禁止）

第 6 条　　　他媒体に未掲載または掲載予定のないものに限る。また、本学会誌への投稿と平行して他媒体へ重複投稿することはできない。審査後不採用となった原稿は、正式な通知の時点から他媒体への投稿・公刊が可能となる。

（投稿の種類）

第 7 条　　　本学会誌への投稿区分及び字数制限は以下の通りとする。投稿区分についての説明は、本規程の付録を参照のこと。字数については原則として投稿用テンプレートに則した形で設定し、特記しない限り、図表・注・参考文献等の論文構成要素すべてを含む。

(1)原著論文 (original article)　　表紙+11 〜 18頁（18,000 〜 30,000字に相当）

(2)探索的研究論文 (exploratory research article)　表紙+9頁以内（15,000字以内に相当）。

(3)総説研究 (review article)　表紙+18頁以内（30,000字以内に相当）。

(4)実践報告 (practical report)　表紙+9頁以内（15,000字以内に相当）。

(5)書評／映像・展示評　5頁以内（8,000字以内に相当）。

（特集）

第 8 条　　　編集委員会は、本学会誌の目的に合致した「特集」を設定することができる。特集の原稿については、本規程の付録に説明する。

（原稿執筆）

第 9 条　　　原稿の執筆に関しては、別に定める「多文化関係学会学会誌『多文化関係学 (*Multicultural Relations*)』執筆要領」によるものとする。

（投稿手続き）

第10条　　　原稿は、所定の投稿申込書類と共に下記の投稿先に電子メールで word 添付ファイル（テキストファイル）として送付する。何らかの事情により郵送等、別の投稿方法を希望する場合は、事前に編集委員会に問い合わせること。

なお、投稿申込書類には申込書のほかに以下も含む。

(1)著者全員：学士・修士・博士各課程における出身大学と指導教員名。これは、利害関係のある者による査読を防ぐために必要な情報であり、その内容は委員会外秘とする。投稿者の学歴・指導教員は、当該論文掲載可否の判断には何ら影響を及ぼさない。

(2)大学院生：本学会における口頭発表（年次大会、地区研究会、広域研究会）の情報。口頭発表してない場合は、指導教員からの研究の意義を記したサポーティングレターおよび所定のチェックリスト。

（発行回数・時期）

第11条　　　原則として年1回発行する。

（投稿締切）

第12条　　　投稿締切は毎年5月10日とする。

（審査）

第13条　　　学会誌編集委員長が1編につき2名の査読委員を選出し、その査読結果に基づき学会誌編集委員会において掲載の可否を決定する。「書評／映像・展示評」については、編集委員会が内容の適切さや学会の目的に照らした妥当性にもとづき掲載の可否を判断する。審査の詳細に関する問い合わせには一切応じない。投稿原稿区分に関する最終決定は学会誌編集委員会が行う。なお、別に定める「多文化関係学会学会誌『多文化関係学 (*Multicultural Relations*)』執筆要領」に従わない投稿は不受理とし、審査の対象としない。

（原稿の返却）

第14条　　　投稿された原稿は採否に関わらず原則として返却しない。何らかの事情により、審査結果を待たずに投稿を取り消したい場合には、所定の書式により申し出た上で、学会誌

編集委員長の承認を得るものとする。

（原稿料）

第15条　　特別な場合を除き、原稿料・執筆料等の支払いは行わない。

（出版にかかわる追加費用）

第16条　　図版・写真印刷、カラー印刷、校正等により追加費用が発生する場合には、必要に応じて実費を徴収する。

（別刷り）

第17条　　別刷りを希望する場合、筆頭著者に対し実費で頒布する（30部単位）。共著者が別刷りを希望する場合には、筆頭著者を通じて申し込むものとする。

（著作権および版権）

第18条　　掲載された論文・記事の著作権は著者に、版権は当学会に属する。著者はまた、当学会による当該論文の電子化および公開（委託を含む）を承諾するものとする。本学会誌に掲載された論文等を他の出版物・媒体で公刊する場合には、あらかじめ文書により学会誌編集委員長の承認を得なければならない。

（冊子体版・オンライン版双方への掲載承諾）

第19条　　本学会誌には冊子体版と電子媒体版の2形態がある。投稿にあたっては、2形態への掲載を承諾するものとする。

（規程の改廃）

第20条　　この規定の改廃については、学会誌編集委員会の議を経て、委員長が原案を作成し理事会で審議するものとする。

（投稿・連絡先）

第21条　　原稿の投稿先および連絡先は下記の通りである。

投稿原稿送付先：email: jsmrsubm@js-mr.org

問い合わせ先：『多文化関係学』編集委員会

email: jsmr.editorialboard@gmail.com

住所：〒338-8570　埼玉県さいたま市桜区下大久保255

埼玉大学大学院人文社会科学研究科（経済）渋谷百代研究室

附則1　　この規程は、2003年4月1日から施行する。

附則2　　この規程は、2005年6月26日から施行する。

附則3　　この規程は、2007年6月17日から施行する。

附則4　　この規程は、2008年3月16日から施行する。

附則5　　この規程は、2009年3月14日から施行する。

附則6　　この規程は、2011年5月7日から施行する。

附則7　　この規程は、2011年11月20日から施行する。

附則8　　この規程は、2012年12月8日から施行する。

附則9　　この規程は、2013年12月21日から施行する。

附則10　この規程は、2014年12月20日から施行する。
附則11　この規程は、2016年12月17日から施行する。
附則12　この規程は、2017年12月17日から施行する。
附則13　この規程は、2018年7月28日から施行する。
附則14　この規程は、2019年11月17日から施行する。
附則15　この規程は、2021年5月15日から施行する。

［付録］

1．投稿区分について

（ア）原著論文（original article）

【特徴】　独創性

【解説】　先行研究に基づく課題設定のもとに研究・分析を行い、その結果に基づいて結論を合理的に導出することで、多文化関係学に対して独創的な貢献をするもの。先行研究では扱われていないデータ・分析手法に基づく二次分析も含む。

【分量】　図表・注・参考文献すべて含め、テンプレート11〜18頁（日本語18,000〜30,000字相当）以内。

（イ）探索的研究論文（exploratory research article）

【特徴】　進取性

【解説】　独自の研究・調査に基づく新たな学術的問題や研究方法の提起を行い、暫定的結論（tentative conclusion）を示すことで、多文化関係学において取り組むべき新たな論点を示すもの。

【分量】　図表・注・参考文献すべて含め、9頁（日本語15,000字相当）以内。

（ウ）総説研究（review article）

【特徴】　総合性

【解説】　多文化関係に関連する既存研究の蓄積や動向を概観するとともに、今後の研究の方向性について論じるもの。

【分量】　図表・注・参考文献すべて含め18頁（日本語30,000字相当）以内。

（エ）実践報告（practical report）

【特徴】　情報共有

【解説】　多様な文化間の関係構築、あるいは多様な文化の遭遇によって派生する課題の解決に関する実践活動について報告し、会員間での情報共有を図るもの。

【分量】　図表・注・参考文献すべて含め9頁（日本語15,000字相当）以内。

（オ）書評／映像・展示評（book/film/exhibition review）

【特徴】　批評性

【解説】　多文化関係学的な内容を含む書籍・映像・展示に関する論評。対象となる書籍・映像・展示

について、タイトルを冒頭に掲げた上で、その内容および著者独自のコメント、評価や見解を示す。

【分量】　図表・注・参考文献すべて含め5頁（8,000字相当）以内。

2．特集原稿

　特集の原稿には以下の種類が含まれる。「査読有」とされた論文以外の原稿については、編集委員会が内容の適切さや学会の目的に照らした妥当性にもとづき掲載の可否を判断する。

A)　「特集」テーマに基づき設定された、投稿論文と同区分の論文（査読有）

B)　年次大会等における基調講演、シンポジウム発表者の発表をもとにした寄稿論文や誌上採録

C)　その他、特に編集委員会が掲載を認めたもの

（2021年5月15日理事会承認）

多文化関係学会誌『多文化関係学』（Multicultural Relations）執筆要領

制定 2003 年 3 月 7 日
改定 2021 年 5 月 15 日

（使用言語）

第 1 条　　　原則として日本語または英語とする。なお、執筆者の母語でない言語で書かれた原稿（要旨を含む）は、執筆者の責任において当該言語を母語とする者にすべて校閲を受けた後提出し、提出の際には、校閲を受けた旨を示す書面を添付すること。

（形態）

第 2 条　　　ワードプロセッサ（MS-Word 等）を用いて作成された原稿であること。手書き原稿の投稿は認めない。

（匿名性）

第 3 条　　　査読の公平性を期すため、執筆者の氏名、所属などは表題ページ以外には一切含めないこと。論文中に執筆者の属性および執筆者が関わるプロジェクトやプログラムなどに関する記述がある場合は、それを伏せ字とすること。
例「アンケートは〇〇大学において実施した。」

（文体）

第 4 条　　　口語体かつ達意の表現を用い、学術論文としてふさわしいものであること。

（表記）

第 5 条　　　論文中の表記は、使用言語が英語・日本語のいずれであるかに拘わらず、米国心理学会の規程に準拠するものとする。詳しくは、下記を参照のこと。
American Psychological Association. (2020). *Publication Manual of the American Psychological Association* (7th Ed.). Washington DC: Author.
（https://apastyle.apa.org/　にポイントがまとめられている）
日本心理学会執筆・投稿の手引き（2015 年改訂版）
（http://www.psych.or.jp/publication/inst.html#inst01 より無料ダウンロード可能）

(1)使用言語が日本語の場合、文献一覧においては上記書式に沿うよう、「。、」ではなく、「. ,」を用いること（本文中の句読点は「。、」でよい）。

(2)使用言語が英語で、日本語のデータを掲載する場合、日本語の読み書きをしない者にとっても理解可能なように発音と意味の両方を表記すること。表記の仕方については、準拠元を示し文書内の統一をはかること。

（体裁）

第 6 条　　　原稿執筆は指定のテンプレートを使用する。テンプレートを逸脱している場合は、委員会の判断で原稿の受理をしない場合がある。

（著作物の引用）

第 7 条　　　他の文献等より図・表などを転載する際には、掲載前に著作権者の了解を得ておくこと。

その際には出典（著者名、書名・論文名、雑誌名、発行年、ページ、発行所・発行地）を引用箇所に示すこと。

（所属機関倫理委員会承認について）

第8条　　　投稿論文における実験・調査等は、所属機関の倫理委員会の承認を得、本文中または表題ページ脚注にその旨を表記すること。ただし、投稿段階で本文中に記載する場合は、正式名称等は伏せて記載する。

例：「本研究はX大学の倫理委員会の承認を得て実施された（No.○○○）」

承認を得ていない場合は、投稿時の申込書類にあるチェックシートに承認を受けていない理由をできるだけ詳細に記入し提出する。

（注記）

（図表・写真）

第9条　　　原稿の構成は次に掲げる通りとする。

	日本語	英語
表題ページ（別ファイルで保存すること）	1. 種類［例：原著論文、実践報告、等］ 論文題名（日本語） 論文題名（英語） 著者名（日本語） 著者名（英語） 2. 日本語要旨（400-600字） キーワード（5語程度） 英語要旨（100-120語） キーワード（5語程度） 3. 筆頭著者連絡先（脚注） （謝辞）［任意：脚注］	1. 種類［例：原著論文、実践報告、等］ 論文題名（英語） 著者名（英語） 2. 英語要旨（100-120語） キーワード（5語程度） 3. 連絡先（脚注） （謝辞）［任意：脚注］
本文（査読対象）	1. 論文題名 2. 本文 3. 引用文献一覧 4. 付録（図・表など）	1. 論文題名 2. 本文 3. 引用文献一覧 4. 付録（図・表など）
		全篇を通じてページ番号を付すこと

（図表・写真）

第10条　　　図表が含まれる場合、別途鮮明な原稿の提出を求める場合がある。

（脚注）

第11条　　　本文中の脚注は、通し番号を付け、全てページ脚注とする。

（文献一覧）

第12条　　　論文末尾の文献一覧には、本文中で直接・間接引用または出典引証された文献（すなわち引用文献）のみを含めること。論文作成に際し参照したが文中で引用のない文献（すなわち参考文献）は文献一覧に含めない。

（利益相反に関する情報開示）

第13条　　　研究に利益相反をもたらす可能性のあるすべての利害関係（研究助成金等の資金提供や雇用関係）について本文の末尾で開示すること。

例．利益相反がない場合

「本研究に関して、開示すべき利益相反関連事項はない。」

「The author has no financial conflicts of interest to disclose concerning the study.」

例．開示すべき情報がある場合

「本研究は x x x（企業・団体名など）より助成を受けた。」

「This study was funded by xxx」

（校正）

第14条　　執筆者による校正は、原則として初校のみとする。レイアウトした状態の校正紙を作成するので、修正がある場合は、その校正紙に赤字で記入し、修正指示をすること。その際の修正範囲（加筆・訂正）は植字上の誤りによるもののみとし、内容に関する加筆・修正は認めない。再校の確認はできるが、さらに追加で修正がある場合は責了とする。再校以降、学会誌編集委員会が、修正が必要と判断した場合は、修正を行うことがある。その場合の修正内容は、編集委員会に一任する。

（規程の改廃）

第15条　　この要領の改廃については、学会誌編集委員会の議を経て、委員長が原案を作成し理事会で審議するものとする。

附則1　　この規程は、2003 年 4 月 1 日から施行する。

附則2　　この規程は、2005 年 6 月 26 日から施行する。

附則3　　この規程は、2007 年 6 月 17 日から施行する。

附則4　　この規程は、2008 年 3 月 16 日から施行する。

附則5　　この規程は、2009 年 3 月 14 日から施行する。

附則6　　この規程は、2011 年 11 月 20 日から施行する。

附則7　　この規程は、2012 年 12 月 8 日から施行する。

附則8　　この規程は、2013 年 12 月 21 日から施行する。

附則9　　この規程は、2014 年 12 月 20 日から施行する。

附則10　　この規程は、2015 年 12 月 19 日から施行する。

附則11　　この規程は、2017 年 12 月 17 日から施行する。

附則12　　この規程は、2018 年 7 月 28 日から施行する。

附則13　　この規程は、2019 年 11 月 17 日から施行する。

附則14　　この規程は、2021 年 5 月 15 日から施行する。

Submission Guidelines for *Multicultural Relations*

Effective May 15, 2021

Article 1: Purpose

Multicultural Relations aims to publish original research that contributes to the advancement of the study of multicultural relations. The research should also capture the dynamism of multi-faceted relations between and among various cultures.

Article 2: Title

The title of this journal is *Tabunka kankeigaku*. The title in English is *Multicultural Relations*.

Article 3: Contributors

Manuscripts may be submitted by members of the Japan Society for Multicultural Relations.

1) The principal author must be a regular or student member of the Japan Society for Multicultural Relations, whose membership status is valid at the time of the Annual Conference of the previous year and who has paid the membership fee for the relevant year at the time of acceptance of the paper.

2) Co-authors must be collaborators of members of the Society. At least half the number of co-authors must be members of the Society.

3) The Editor-in-Chief may waive conditions 1) and 2) under special circumstances.

Article 4: Contents

Priority will be given to manuscripts that meet the following four requirements:

1) Manuscripts that go beyond a simple comparison and contrast of two cultures by engaging in a complex and critical analysis of the dynamics of interactions between two or more cultures. In such cases, the concept of culture need not be limited to the dominant notion of state/national culture.

2) Manuscripts should not merely identify trends and features of the cultures under investigation. Rather, they need to focus on the dynamic relationships between and among cultures.

3) Manuscripts should not be limited to standard academic disciplines. Rather, they should be interdisciplinary in approach and contribute to the advancement of the study of multicultural relations across a range of disciplines.

4) Considering the three points mentioned above, manuscripts should include the impact of the research and findings in contributing to paradigm shifts in all relevant disciplines.

Article 5: Research Ethics

Manuscripts that do not follow the prescribed ethical guidelines will not be considered for publication in *Multicultural Relations*. The guidelines for research ethics are based on *the Guidelines for Responding to Misconduct in Research* (Ministry of Education, Culture, Sports, Science and Technology,

2014 https://www.mext.go.jp/a_menu/jinzai/fusei/index.htm). The author(s) must obtain approval from the research ethics review board of their institution based on the guidelines set by the board. In case a review has not been conducted at the institution and the necessary approval not obtained, the procedures prescribed in the Writing Rules should be followed.

Article 6: Duplicate and Multiple Submission

While submitting a manuscript, author(s) must declare that the work is original, it, has not been published previously, and is not currently being considered for publication elsewhere. All manuscripts, rejected by *Multicultural Relations* after review, may be submitted elsewhere once the official notice for rejection is provided.

Article 7: Manuscript Categories

The categories and word limits for submissions to this journal are as follows. For details about the categories of submissions, please refer to the Appendix of the Rules. In principle, the number of characters should be set according to the submission template, and unless otherwise stated, all components of the paper, such as figures, tables, notes, references, etc., should be included in the count.

1) Original article: cover page plus 11-18 pages (equivalent to 9,000-15,000 words)
2) Exploratory research article: cover page plus up to 9 pages (equivalent to 7,500 words)
3) Review article: cover page plus up to 18 pages (equivalent to 15,000 words)
4) Practical report: cover page plus up to 9 pages (equivalent to 7,500 words)
5) Book reviews/video and exhibition reviews: up to 5 pages (equivalent to 4,000 words)

Article 8: Special Feature

The Editorial Board may consider publishing a "Special Issue," which is consistent with the objectives of the journal. Manuscripts for publication in the special issue should follow the features described in the Appendix to the Rules.

Article 9: Writing a Manuscript

For guidelines on writing the manuscript, please refer to "Instructions for Authors" detailed elsewhere.

Article 10: Manuscript Submission

Manuscripts should be sent as Word file attachments by e-mail to the address below, together with the prescribed application form for submission. If, for any reason, a different submission method is to be used, such as by post, please contact the Editorial Board in advance. In addition to the application form, the following documents should be included in the application form.

1) All authors: Name of the university and supervisor of the bachelor's, master's, or doctoral course. This information is necessary to prevent peer review by interested parties and is confidential to the Committee. The academic background and supervisor of the contributor will have no influence

on the decision to publish the paper concerned.

2) Postgraduate students: Information on oral presentations at the conference (annual conference, and regional research meetings). If the student has not made any such presentation, a supporting letter from the supervisor stating the significance of the research and a prescribed checklist.

Article 11: Publication Frequency

Multicultural Relations is published annually.

Article 12: Submission Deadline

All submissions must be made by May 10 for publication in the upcoming issue of *Multicultural Relations*.

Article 13: Review Process

The Editorial Board will assign two reviewers for each submission. The editorial decision will be based on the reviewers' comments. "Book Reviews/Video and Exhibition Reviews" will be judged by the Editorial Board based on the appropriateness of contents and their relevance to the aims of the Society. The Editorial Board will not respond to any enquiries regarding the details of the review process. The Editorial Board retains the right to determine the category in which a manuscript will appear. Manuscripts that fail to meet the guidelines mentioned in the "Instructions for the Authors" will not be accepted or assigned to reviewers.

Article 14: Return of a Manuscript

In principle, no copies of the manuscript or of other submitted materials, whether accepted or not, will be returned to the author. If the author wishes to withdraw a submission prior to the final editorial decision, the author should make a formal request to the Editor-in-Chief on a form provided elsewhere.

Article 15: Payment

Except in special cases, there is no payment to be made for manuscripts published in *Multicultural Relations*.

Article 16: Additional Costs for Publication

If graphics, color printing, proofreading, and other special requirements lead to cost overruns for a manuscript, the author(s) will be charged the actual additional costs incurred.

Article 17: Reprints

The principal author of a published manuscript may purchase the reprints of the manuscript (at the increment of 30 copies) for a nominal fee. Co-authors may place the reprint purchase order through the principal author.

Article 18: Copyright and Republication Rights

The copyright of all articles that appear in *Multicultural Relations* belongs to the author. The republication rights belong to *Multicultural Relations*. The author(s) shall also consent to the digitization and publication (including commissioning) of such articles by the Society. Prior approval in writing must be obtained from the Editor-in-Chief for the publication of articles elsewhere in the journal.

Article 19: Publication Formats

The journal is available in two formats: print and electronic. When submitting a manuscript, the author agrees to publish it in both formats.

Article 20: Changes and Amendments

Changes and amendments of these regulations will occur when the Editor-in-Chief makes a formal application to the Board of Directors for such changes. The final decision rests with the Board of Directors.

All enquiries and manuscripts should be sent to the address below:

Email: jsmrsubm@js-mr.org

Momoyo Shibuya, Editor-in-Chief, *Multicultural Relations*

Graduate School of Humanities and Social Sciences (Economics), Saitama University

255 Shimo-Okubo, Sakura-ku, Saitama-shi, Saitama 338-8570 JAPAN

Appendix

1. Classification of submissions

(a) Original article

Feature: Creative

Description: A paper that makes an original contribution to multicultural studies by conducting research and analysis based on a set of issues raised by previous research and rationally draws conclusions based on the results. This includes secondary analysis based on data and methods that have not been addressed in previous studies.

Length: 11 to 18 pages (equivalent to 9,000 to 15,000 words) or less, including all figures, tables, notes, and references.

(b) Exploratory research article

Feature: Innovative

Description: A paper that raises new academic questions and research methods based on original research and investigation and presents a tentative conclusion, indicating new issues to be addressed in multicultural studies.

Length: Up to 9 pages (equivalent to 7,500 words), including figures, tables, notes, and references.

(c) Review article

Feature: Comprehensive

Description: An overview of the collection of existing research and their trends related to multicultural relations and a discussion of future research directions.

Length: Up to 18 pages (equivalent to 15,000 words) including all figures, tables, notes, and references.

(d) Practical report

Feature: Information sharing

Description: Reports to share information among members on practical activities related to building relationships between diverse cultures or resolving issues arising from encounters of diverse cultures.

Length: Up to 9 pages (7,500 words) including all figures, tables, notes, and references.

(e) Book/film/exhibition reviews

Feature: Critical

Description: A review of a book, film, or exhibition that includes multicultural studies content. The title of the book/film/exhibition should be given at the beginning of the review, followed by its contents and the author's own comments, evaluations, and views.

Length: Up to 5 pages (equivalent to 4,000 words) including all figures, tables, notes, and references.

2. Special Issue Manuscripts

The following types of manuscripts are included under the special issue. Manuscripts other than those marked as "peer-reviewed" will be judged by the Editorial Board based on the appropriateness of the content and its relevance to the purpose of the conference.

A) Papers in the same category as the submitted paper, based on the ˝Special Issue˝ theme (with peer review)

B) Contributed papers and journal abstracts based on presentations by keynote and symposium presenters at annual conferences, and the like.

C) Other papers specifically approved for publication by the Editorial Board.

(Approved by the Board of Directors on May 15, 2021)

Multicultural Relations: Instructions for Authors

Effective May 15, 2021

Article 1: Language

Manuscripts should be written in Japanese or English. Authors whose manuscripts are written in a language that is not their native language must have the manuscripts thoroughly proofread by a native speaker of the said language at their expense prior to submission and submit written certification that such a check has been completed.

Article 2: Manuscript Format

All manuscripts should be typed in MS Word. No handwritten manuscripts will be accepted.

Article 3: Anonymity

To ensure blinded peer review process, the authors' names and affiliations should not be included on any page other than the title page. References to any part of authorial identification, including names of projects and programs involving authors, must be omitted from the manuscript (e.g., "The questionnaire was conducted at XX University.").

Article 4: Writing Style

The manuscript should be written in an easy-to-understand clear style and should be appropriate for an academic paper.

Article 5: Style

The American Psychological Association (APA) Publication Manual (7th ed.) should be followed when preparing manuscripts. For details, please refer to the following:

> American Psychological Association. (2020). *Publication Manual of the American Psychological Association* (7th Ed.). Washington, DC.
>
> (The key points are summarized at https://apastyle.apa.org/)

In case authors use any language other than English within the manuscript, both pronunciation and meaning must be indicated. Transcription of non-English worlds must be consistent throughout and must follow suitable transcription standards or sources that are indicated within the manuscript.

Article 6: Format

Manuscripts should be prepared using the provided template. If a manuscript is not written or formatted properly, the Editorial Board reserves the right not to accept it.

Article 7: Citation of works

When reprinting figures, tables, etc. from other works, the permission of the copyright holder must be obtained before publication. In such cases, the source (author's name, title of book or article, name of journal, year of publication, pages, place of publication) should be indicated at the point of citation.

Article 8: Research Ethics

Experiments and investigations mentioned in the submitted manuscripts should be approved by the ethics committee of the institution to which the author belongs, and this should be indicated in the text or in a footnote on the title page. However, the official name and other information should be withheld when it is stated in the text at the submission stage. (e.g., "This study was conducted with the approval of the Ethics Committee of the University of XX (No. XXX).") If approval has not been obtained, the reasons for not obtaining approval should be provided with as much detail as possible as per the checklist attached to the application form at the time of submission.

Article 9: Elements and Organization

Elements of the manuscript should be arranged as follows:

	In Japanese	In English
Title page (saved in a separate file)	1. Manuscript Category [e.g., original paper, practical report, etc.]. Title of paper (in Japanese) Title of paper (in English) Name(s) of author(s) (in Japanese) Name(s) of author(s) (in English) 2. Japanese abstract (400-600 characters) Keywords (about 5 words) English abstract (100-120 words) Keywords (about 5 words) 3. Contact details (in a footnote) [optional] Acknowledgments (in a footnote)	1. Manuscript Category [e.g., original paper, practical report, etc.]. Title of paper (in English) Name(s) of author(s) (in English) 2. English abstract (100-120 words) Keywords (about 5 words) 3. Contact details (in a footnote) [optional] Acknowledgments (in a footnote)
Text (to be reviewed)	1. Title in Japanese 2. Text 3. List of References 4. Appendices (figures and tables)	1. Title in English 2. Text 3. List of References 4. Appendices (figures and tables)

*All pages should be numbered.

Article 10: Figures, tables, and photographs

Upon acceptance of the manuscript for publication, the author is required to provide high-quality, camera-ready artwork for all figures, tables, and photographs.

Article 11: Notes

Notes in the text should be numbered consecutively and should be in the form of footnotes added at the bottom of the page on which it is discussed.

Article 12: References

Only the works cited or quoted in the text should be included in References.

Article 13: Disclosure of Conflict of Interest

Disclose any conflicts of interest (e.g., funding or employment) that may exert an undue influence on the content or publication of the research. If there are no conflicts of interest, please add the following statement:

"The author(s) declare no financial conflicts of interest concerning the study" : If there is information to be disclosed, for example, involving financial support, please add, "This study was funded by xxx."

Article 14: Proofreading

As a principle, the authors will only proofread the first draft. Corrections should be limited to typographical errors only, and no modifications or additions to content will be accepted. The author(s) may check the second proofs to confirm corrections. Changes to the second or subsequent proofs may be made if deemed necessary by the Editorial Board. In such cases, the Editorial Committee will decide on the content of the revisions.

Article 15: Changes and Amendments

Any changes or amendments to these guidelines require a draft prepared by the Editor-in-Chief and submitted to the Board of Directors for discussion after consideration by the Editorial Board. Final decisions will rest with the Board of Directors.

多文化関係学　2023 年 第 20 巻

Multicultural Relations　Volume 20, 2023

査読委員一覧　Reviewers　（敬称略・五十音順）

多文化関係学　2023年 第20巻
Multicultural Relations　Volume 20, 2023

2023年12月　第20巻発行

発　　　行：多文化関係学会
　　　　　　〒700-0005　岡山県岡山市北区理大町1-1
　　　　　　岡山理科大学　教育学部中等教育学科
　　　　　　奥西有理研究室内
　　　　　　多文化関係学会　学会誌編集委員会事務局
　　　　　　http://www.js-mr.org

発　　　売：株式会社インターブックス

ISSN 1349-5178